마구니
퇴치록

마구니 퇴치록

발행일	2017년 12월 15일		
지은이	조 현 한		
펴낸이	손 형 국		
펴낸곳	(주)북랩		
편집인	선일영	편집	이종무, 권혁신, 오경진, 최예은, 오세은
디자인	이현수, 김민하, 한수희, 김윤주	제작	박기성, 황동현, 구성우
마케팅	김회란, 박진관, 김한결		
출판등록	2004. 12. 1(제2012-000051호)		
주소	서울시 금천구 가산디지털 1로 168, 우림라이온스밸리 B동 B113, 114호		
홈페이지	www.book.co.kr		
전화번호	(02)2026-5777	팩스	(02)2026-5747

ISBN   979-11-5987-903-6 03290 (종이책)   979-11-5987-904-3 05290 (전자책)

영 원 한 자 유 를 갈 구 하 며 나 쁜 마 음 과 싸 우 다

마구니
퇴치록

조현찬 지음

북랩 book Lab

서문

　마구니와 한바탕 격렬하게 치른 전쟁은 나의 전신을 나른하게 했다. 몸과 정신이 해체되듯 나의 두 고막과 멀쩡한 사지는 이내 사시나무 떨듯 오랜 파장이 가시지 않았다.

　전율이었다.

　멈출 수 없는 나의 의지는 그들의 정신적 노예로 전락해갔고, 녹음 짙기만 한 아름다리 소나무가 수분을 잃고 시들어져 가듯 나의 육신은 조락凋落해져갔다.

　간헐적으로 발작되는 성정性情은 거칠어져갔고 피륙이 상접할 정도의 육신은 추악한 모습으로 변모되어갔다.

　온몸을 짓눌러 오는 극렬한 수난을 생과 사를 오고가는 힘겨운 나날이었다.

　현대의학으로 그다지 효험을 볼 수 없었던 빙의憑依.

난 병의 원인, 즉 병인病因을 알아보고자 병원을 방문했고 그 병의 근원을 캐고 싶었다.

이리저리 찾아나선 지 어언 십 년의 세월이었다. 강산이 바뀐다는 상전벽해桑田碧海의 오랜 시간 동안 일말의 도움도 얻을 수 없었고, 현대의학은 나의 길라잡이가 될 수 없었다.

반복된 빙의의 휘둘림에 난 다시 휘청거렸고 휘청대는 나의 몸짓은 예전보다 격렬했다.

휘둘림에서 헤어 나올 수 없었던 나는 빙의와의 고투를 벌여야 했다.

난 광분한 듯 진언을 읊조렸고 다른 한편으로 동양의학 서적을 뒤적이기 시작했다.

수천 년 전 중국의 인민을 확인한 서적 『황제내경皇帝內經』.

서양의 의성 히포크라테스와 비견 될 수 있는 그 의서는 바이블에 가까웠다.

그 책은 주로 황제와 기백의 문답으로 끝나는데….

원전을 해독하기는 어려웠던 나는 번역서를 통해 심오한 의학에 침잠했던 것이었다.

그들의 첫마디는 멍든 나의 뇌리를 진동케 했고 흥분시켰다.

우리 신체는 정精과 혈血 그리고 신神으로 구성되었다는 말이었다.

그리고 병인으로부터 나의 신체를 온전히 보존할 수 있는 원천은 '정기존내사기불간正氣存內邪氣不干' 이 여덟 글자에 다 함축되었다는 것으로 난 새로운 희망을 얻었다. 그 희망은 이미 노출되어 버린 나의 신체가 대항력을 가졌다는 희열감이었는데 그때의 표현은 곽박의 풍수서 『금낭경錦囊經』을 호주머니에 넣고 환희의 웃음을 지었던 당 태종의 모습과 같다고나 해야 할까….

당 태종이 황하의 오랜 문명을 이끌어 가리라는 용기가 솟구쳐 올랐던 것처럼 나 또한 굽이치는 정신적 여울목으로부터 쉼 없이 흐르는 황하가 될 수 있다는 용기를 얻었던 것이다.

이는 일종의 정신치유의 방편으로 플라시보 이상의 위안이었다.

이 책을 입수하기 전 얼마나 괴로웠던가.

요망한 마구니들과 뒤범벅이 되어버린 지난 시간은 인고忍苦에 따른 탈진 그것이었다.

탈진에 이르렀던 나의 가냘픈 숨소리는 짐승이 울부짖는 소리에 가까웠고 게다가 이따금 내짓는 광狂적인 외마디는 길가는 사람들의 시선을 멈추고 발길을 되돌리게 했으며 나는 마약사범이라는 오명을 뒤집어써야 했다.

주뼛하게 치선 파토스patots. 정신meantal은 날이 갈수록 곪아갔고 메스로 두개頭蓋를 빠개버렸으면 하는 바람 또한 한두 번이 아니었다.

기실 정신 질환환자를 빠갰다는 문헌이 『편작전扁鵲傳』이나 『고승전高僧傳』 그리고 『화타전華陀傳』에서 가끔 소개되어 있는바 의성 편작扁鵲이 두개를 빠개 그 안의 오물을 들어내었다고 했듯 난 나의 두개에 가득 찬 질병이란 오물을 말끔히 씻어냈으면 했던 것이다.

두개 골수까지 씻어버리고자 한 나는 하늘의 신이라고 하는 천신天神을 통해 인간의 원죄를 풀고자 애원했던 것이고 그 신은 곪아가는 나의 정신에 일침一鍼을 가하듯 따끔한 충고를 아끼지 않았던 천지신명天地神明이었다.

난 그때 동양의학서와 나 자신에 맑디맑은 기운을 불어넣기 위한 기도를 병행하였다.

침묵의 선이라고 할 수 있는 선 수행과 다름없는 나만의 종교에 관한 일련의 서적을 뒤적였다.

그중 나에게 임펙트impact를 주는 것이 불학서적이었고 침잠이라는 오랜 시간과의 여행을 떠나야 했다.

나를 추스르고 나에게 최선을 다할 수 있는 『황제내경』과 종교적 구원은 마지막 트롤링이었다.

불학을 영원한 진리라 했던 인도의 철학자 오쇼-라즈니쉬(osho- Rasneesh, 1931~1990)가 진아眞我를 찾기 위해 끊임없이 화두에 매달리듯 나 또한 힘들지만, 나의 온전한 형상을 되찾기 위해 몸부림쳤던 것이며 그때 나의 한 손엔 목탁과 다른 한 손엔 동도지와 삼지창이 있었기 때문에 정신의 탄성을 얻을 수 있었다.

생각사록.

21세기에 각종 질환을 극복했다는 소식이 연일 신문지상이나 지상파 방송을 통해 자자하게 흘러나오지만, 반면 신병神病과 관련된 이렇다 할 연구보고서는 접할 수 없었다.

난 신병을 감지했을 당시 숱한 정신의를 만났고 그들은 한결같이 정신안정제를 투여했고 그 정신안정제는 나의 정신을 붙인케

했던 것으로 기억된다.

　게다가 수소문 끝에 달려갔던 저 저명한 사찰과 유명한 승려 내지 박수에게 매달려 보았지만 쉽게 입을 떼지 못하고 얼버무리기가 일쑤였다.

　반신반의한 나는 나의 몸을 해체하고자 했고 그 해체된 일부를 퍼즐로 맞추고, 아니 풀린 나의 정신의 볼트를 꽉 조이고 싶었다. 그날 난 이런저런 염을 송誦하게 되었는데….

　며칠의 시간이 지날 즈음 나의 뇌리를 스치며 지나가는 환상…. 신의 한 수라는 게 있었는지 모른다.

　순간 그들 마구니들은 나의 뇌리를 이리저리 짓밟지 못했고 나의 의식을 강탈하지 못했던 것이었다.

　이렇듯 난 수많은 시간을 통해 저 빙의로부터 탈출을 시도할 수 있었던 것이었고, 나를 수렁으로 빠트린 악연 속 우 선생이 원망스럽기만 했다.

　사실인즉슨,

　난 나의 몸이 차츰 시들어져가자 혹자의 입발림에 현혹되어 우 선생이라는 사람을 만났던 것이었다.

　선생이란 말이 참 흔한 말이 되었다고 독백하듯 혼자 중얼거렸다.

　선생이란 무엇인가…!

　전치사로 효학반斅學伴, 즉 남을 가르치는 일은 자기학업의 반을 차지한다는 고사성어와 같이 하라고 알고 있던 나였지만 배울 것 없는 우禑 선생로부터의 나례거행은 오히려 빙의에게 허점을 주었던 것이었고, 나의 몸과 마음은 부푼 풍선처럼 감정적 행동만 일삼았던 것이다.

바로 일상의 궤도를 벗어난 일탈의 행위였고, 환타지아를 갈구하는 환상과 비견될 정도의 심각한 수준이었다.

기도에 심취한 그때의 나는 파라다이스, 즉 도솔천의 세계를 노니는 듯 수렁의 늪, 즉 마굴의 늪에 빠져 한 발자국도 뗄 수 없는 레드라인에 구유拘囿되었던 것이었다.

헤어나올 수 없는 그날은 그랬다. 너무나 삶이 무겁고 힘들어서 어쩌면 우 선생에게 구걸했는지 모른다.

인간의 원죄를 풀고자, 아니면 생체적 원죄, 아니면 대물림되는 업의 소산이었던가를 자책게 하는 나례의식에서 난 한 없는 눈물과 어수선한 나의 질고의 시간을 회개 아닌 반성의 순간으로 여겼던 것이었다.

그때 난 지푸라기라도 붙잡고 싶었고 그들로부터 탈출하고 싶었던 심정 그것이었다.

이젠 그 모든 괴로움을 내려놓고 온전한 정신을 되돌려 줄 것을 바랐고 그것이 내가 원했던 그때의 나례의식이었지만, 그 나례가 허주굿인 줄 몰랐다.

그날은 가혹하리만큼 마음도, 생활도 혹한에 비견될 정도로 극심했던 을씨년스러운 날이었다.

그날의 추위에 온기를 가져다주었던 것은 마구니들의 현란한 유혹이었고 그 유혹은 나의 전신을 후끈거리게 했으며, 후끈거리게 했던 것은 당혹에 가까울 정도의 제의였다.

그 제의는 신의 아들, 즉 자신의 부림을 수행하라는 지령과도 같았고, 우선 자신들의 원혼을 풀어달라는 것이었다.

그건 바로 천도였다.

그때 나에게 천도는 쉬운 일이 아니었다…

그들의 첫마디는 협박이 뒤섞인 공포였다.

난 담배 한 개비를 물고 이런저런 고민을 하였고 그들의 요구는 더한층 거세기만 했다.

무일푼의 나는 그들의 요구를 덜어 줄 아무런 준비도 되질 않았고 어마어마한 그들의 원혼을 다 달래줄 수 없다고 속삭였다.

거듭되는 거센 요구를 피할 수 없었던 나는 다시 우 보살을 찾았지만, 그 우 보살은 종적을 감추었는지 그 이후론 만날 수도, 연락을 취할 수도 없었다.

후회가 물밀 듯 나의 가슴 한편을 내려쳤고, 난 우 보살이 원망스럽기만 했다.

그때까지 나에게 우 보살은 마치 약사여래와 같았고 우 보살의 말 한 마디 한 마디는 금과옥조와 비견될 정도로 메마른 가슴에 와 닿았던 것이었다.

그랬다. 그때 그 우 보살은 단연 나의 정신적 지주이며 여러 스승 중 오직 그분만을 곁에 두고 싶었지만, 홀연 각자의 길을 선택했으니 안타까움과 미련을 끝내 감출 수 없다.

이젠 남은 인생은 광대가 외줄을 타듯, 미흡하지만 홀로 마귀와의 결전決戰이 시작되었고, 이 결전의 선봉에서 서게 된 동기는 이 누리에 영원히 치유받지 못하고 구원받지 못하는 신병환자들의 입장을 대변하는 글로서 활자에 옮겨보고자 했던 것이 나의 솔직한 심정이다.

아무쪼록 무딘 글이 오히려 독자들을 머리를 현란하게 하는 것이 아닐까 하며 조심스레 펜을 꺾고자 한다.

오는 이도, 가는 이도 없는 어느 초옥에서 마귀와 결전하는 지천명知天命의 거사居士가 구원舊怨의 자유의 나래를 펴고자 무딘 졸고를 세상에 던져보고자 한다.

목차

1장. 젊은 날의 초상

난 지금 구겨지고, 접어지고 빛바래진 지난 삶을 덧칠이라도 하듯 밝은 내일을 당당히 걸어가고 싶다….

아마도 백지에 한 방울 적신 그 흔적마저 말끔히 표백하고 싶을 정도로 한 번뿐인 삶을 더욱 진지하게 살고자 하는 마음이 용솟음친다고 해야 하는 것이 걸맞을 것 같다.

해서 난 누구나 경험하고 겪었던 지난 젊은 시절을 시간의 여행이란 문예적 의미를 담아 지난 시절의 교감 어린 추억으로 되돌아보고자 한다.

… 그때 나의 삶. 그 자체가 방황과 일탈의 나날이었다.

꽉 쪼여진 도식화된 삶은 나에게 권태와 나태를 불러일으켰고 학생의 신분을 벗어나 야릇한 상상을 했던 객기客氣의 나날이었다.

누구나 그렇듯. 상급학교에 진학 내지 사회로 나아가 일찌감치 사회경험을 익히고 싶기도 한 충년沖年의 시절이었지만, 이때 나의 마음을 매료시켰던 사회인은 소위 화이트칼라보다는 블루칼라인 운수 업종에 종사하는 사람들이었다.

운수업을 예전부터 생각했던 것은 아니었다.

당시 최고의 인기 직종도 아니었고 최고의 보수를 받는 업종도 아니었다.

가정을 돌보며 삼시 세끼 연명할 정도의 급여였지만 난 나의 업종에 한 번의 후회도 없었다.

하나 인간의 행복은 상대의 행복에 비례한다고 했던가…! 달리 표현한다면, 욕망이 나를 허욕과 현실로 이끌어갔던 것이었고 그 현실의 비애는 빈부의 격차에 따른 인간의 우열을 경계 짓는 높다란 벽과도 같았다.

난 그 높은 벽을 허물고자 했지만, 현실은 냉혹하기 그지없었다.

그때 나의 정신적 멘토만 있었더라면 나의 진로를 바꿀 수 있었는데라고 자조 섞인 후회도 했다.

이미 고인이 되어서 기억 저편에 묻어두고 싶었던 아버지를 끄집어내어 본다면…!

나 또한 아버지와 같은 운명의 전철을 받았던 것이었다.

우리 가정은 한 문중에서도 좀처럼 찾아볼 수 없는 '독자' 가정이라는 아이콘이 있었는데, 나의 윗대로 이어지는 후사는 유일무이

한 독신이었고 아이콘은 아버지를 이어 나와 나의 아들에 유전되었던 것이었다.

실오라기같이 면면히 이어져 오는 후사지만 간신히 입후는 피할 수 있어서 아버지는 금지옥엽 애지중지한 사랑을 받고 성장했고, 후사가 급했던 우리 조부께선 백년가약의 며느리를 맞이했다.

선군은 초취 김해 김 씨를 아내로 맞이했지만 이내 사별이라는 아픔을 겪어야 했지만 슬픔이 채 가시기 전 다시 경주 김 씨를 맞이해 그와의 사이에서 독자를 얻었는데 그 독자가 바로 필자다.

가까운 혈족이 없었던 나는 그 많은 정신적 방황과 정신적 고뇌를 편모와 함께 격랑을 슬기롭게 넘겼어야 했으나, 급박하게 돌아가는 현실에 발을 맞출 수 없었던 편모와의 정신적 엇갈림의 나날이었다.

오케스트라가 이중화음을 내어야만 고운 선율의 음으로 관객을 환호에 빠지게 할 수 있는데 나와 나의 어머니와는 곧장 불협화음이었다.

오로지 자식만 바라보는 당신은 지금 병상에서 육신과의 고투를 벌이고 있지만, 그때 그 당당하던 당신은 통제라는 두 글자를 애호했던 것이었다.

독자라는 과잉보호는 선택의 여지를 주지 않고 주문하듯 반복되는 학업에 대한 열정이 나를 질식하게 했다.

그렇다고 위로 형이 있었던 것도 아니며 가까운 주변에 나의 정신적 멘토 될 분도 없었다.

아니 내가 먼저 멀리했던 것이었다. 그것은 혈기왕성한 나의 마음을 이해해 주지 못했기 때문이다.

나의 멘탈을 식힐 수 있었던 주변인은 단연 감언이설로 대하는 형들이었고, 그들이 나의 삶에 관여했다.

그때는 마냥 즐거웠다.

건전한 소유를 가지지 못한 그들의 사유는 한계가 있었던 것이었고 순간의 유희는 내가 어둠의 긴 터널을 걷는 단초가 되었던 것이었다.

그랬다.

『논어論語』, 「이인里仁」에서 '덕불고德不孤 필유린必有隣'이라 해서 주거 환경의 중요성을 말했던 것이고 맹자의 어머니 구 씨는 맹자의 교육을 위해 시장에서, 공동묘지로, 학궁에 이르기까지 맹모삼천지교孟母三遷之敎라 해서 주변 환경을 적극 조성했던 것인데 그 맹모삼천지교가 현재 재력가나 권세 있는 강남의 학부형들이 선호하는 팔학군의 단초라는 씁쓸한 유행어가 이곳저곳에서 들리는 현실이다.

자식에 대한 지나친 애정은 맹자 어머니 구 씨뿐만은 아니었다. 더글러스 맥아더의 어머니 밍크 맥아더 또한 자식에 대한 지나친 애정이 지나쳤는데 그는 웨스트포인트 육군사관학교에 입교한 막내아들 맥아더를 위해 연병장이 내려다보이는 한 호텔에 짐을 풀어놓고 매일 그의 아들을 주시했다고 한다. 그 결과 맥아더는 웨스트포인트 육군사관학교에서 수석으로 졸업했고, 세계 육군사에 군인으로서 최고의 영예를 남길 수 있었지만 돌아보면 그들에겐 전

인교육이 없었던 것이었다. 오히려 학력의 서열화를 통한 학력 인플레를 부추겼다.

귀한 자식일수록 매를 많이 들고 미운 자식일수록 먹을 것을 많이 주라는 옛 선현들의 말씀처럼….

지나친 사랑은 홀로서기 즉 독립심을 기를 수 없다는 치명적 단점을 가지고 있으며 인간의 전형이란 인격이란 완성을 기대할 수 없다는 것이다.

인간의 존재… 인간의 완성… 아름다운 인격…. 이것이 우리 선현들이 귀한 자식을 키우는 철학이었고, 그 철학은 주인양자做人樣子, 즉 사람 만드는 틀에 있었던 것이 자식을 키우는 중요사업이었던 것이었다.

물론 공부도 중요하겠지만 먼저 사람다움. 이는 율곡 이이의 격몽요결에서 말했듯이 어린애는 분재를 가꾸듯 어린 가지를 철사로 질끈질끈 동여매서 틀을 원하는 형태로 잡아야 했던 것인데 만일 이 순간을 잡지 못한다면 다 자란 가지를 휘어잡을 수 없는 것과 같다는 것이다.

그랬다. 난 독자라는 운명인지 아니면 숙연인지 남들이 귀한 후손이라고들 하지만 난 거창한 사랑으로 성장하지 못했다.

여느 어머니로부터 받는 조건 없는 자애 그것이었다.

이렇듯 자유분방했던 나는 착종된 사유로 현상을 들여다보았고 남들의 그릇된 행동을 답습해 갔던 것이었다.

당시 사회에서 도태된 하루살이와 다름없는 선배들로부터의 일탈의 준비를 해왔던 것이고 사회의 주변을 맴돌았다.

당당히 나아가고 싶었지만 배운 것과 익히 습득했던 기술이 없었던 나에게 딱히 할 수 있었던 것은 기사의 길이었다.

직업이라 해야 할까 아니면 생업이라 해야 할까. 일정치 않은 기사의 생활은 권태를 불러일으켰고 획일적이고 단순한 노동이라 할 수 있지만, 그 단순하기만 노동의 이면에는 고객의 안전을 책임져야 하는 정신적 무게와 부담감이 뒤따랐다.

당시 '기사'라는 호칭을 받았을 때 나의 두 어깨는 으쓱했다. 요즘처럼 남들이 쳐다보지도 않는 3D 직종은 아니었으니 말이다.

부업과도 다름없는 택시기사는 나를 지치게 했고, 지칠 수밖에 없었던 이유는 운행에 따른 박봉이었기 때문이다.

택시 업종은 이미 사양길로 접어든 지 근 십 년이 되었지만, 예전엔 그나마 노력에 비례해서 일정한 수입은 건질 수 있었고 적은 수입이지만 노동의 신성함, 즉 뿌듯함을 느낄 수 있었지만, 지금은 그때와는 확연히 다르다.

언젠가 내가 무심코 대형 서점을 갔는데 그때 서재에 진열된 중국의 고전서를 보았다.

고전서는『주자서』였는데 난 그 고전서를 냉큼 뽑아서 무작정 계산대 앞으로 가서 지갑을 열고 허겁지겁 구매했다.

왜 내 마음을 그토록 설레게 했는지 그때 책장 앞에서 슬쩍 훑어보았던 그 한 구절….

'청춘은 두 번 다시 오지 않고 새벽은 두 번 다시 오지 않는다.'라고 하였던 짧디짧은 구절이었지만 나의 두 무릎은 시큰거리기 시작했고 나의 두 눈은 지면을 뚫을 정도의 안철지면眼徹紙面의 삼매경에 빠져들게 했던 것이었다.

확철대오廓徹大悟의 깨달음을 얻는 순간이었고…!

때아닌 후회와 아쉬움으로 밤을 지새우게 했던 책으로 기억된다.

그랬다. 주자는 나에게 시간의 소중함을 일깨워주었던 것이었다. 루소Russo 역시 제2의 인생이라고 하여서 젊은 날의 준비, 준비된 삶은 미래의 삶을 건재하게 한다는 말로 대변해주었듯이….

그만큼 젊은 날의 꿈은 시간과 비례하고 시간은 황금과 비견될 정도로 소중하다는 것을 그 순간 깨달았다.

빅토르 위고도 명작『레미제라블』을 통해 말하지 않았던가…!

시간의 소중함이 구구절절 배여 있는 그의 생각 또한 책으로, 스크린을 통해 그만큼 설파하였건만 그때는 왜 몰랐는지….

난 그때 스크린에 나오는 주연에 매료되었던 것이고, 문화인이라도 된 양 외화만 보았다는 겉치레였던 것이었다.

'이제 와서 그 많은 후회를 해서야 무엇 하겠는가.'라고 말하고 싶지만, 얼룩으로 더뎅이진 한 첩의 앨범을 펼쳐보니 진지한 모습은 볼 수 없었고 구겨지고 접어진 나의 초라한 자화상이었다.

그때는 왜 그토록 철이 없었는지….

나를 구속할 수 있었던 한 분이 있었더라면 그분을 통해 그 많은 독서를 했을 것이고 개조운명이 되지 않았을까 하는 아쉬움을 감출 수 없었다.

그 한 분은 내 마음 깊은 곳의 선부인 아버지가 일 수도 있을 것이며 나의 뒷바라지를 위해 자신의 일생을 뒤로한 채 자신의 모든 물적, 정신적 고통을 할애한 영원한 동거인 어머니일 수도 있을 것이다.

과거에로의 희구와 집착은 미약한 나의 정신에 후회와 괴로움으로 착종되었고 어두웠던 지난날을 지우고 싶었지만, 상념의 고리는 쉽게 끊을 수 없었다.

허송과 방황.

방황에 따른 분노와 이유 없는 반항은 제임스 딘이 출연한 영화의 한 장면 즉 히피를 방불케 했다.

제임스 딘처럼 장발에 기타를 둘러매고 낭만과 젊음을 제창하지도 못했고, 해변에서 에로틱한 로맨스를 즐겼던 기억도 없다.

그저 밀려오는 파도처럼 들어왔다 빠져나갔다를 반복하는 조수 간만의 차라고 비유될 만큼 무덤덤하게 보냈던 것이 젊음의 전부였다.

그렇지만 난 무생물, 아니 목석같이 표현 없이 감정 없이 살지는 않았다. 젊음의 바이오리듬일까…!

나폴레옹이 하늘의 오색 무지개를 잡으려고 얼마나 들판을 내달렸던가. 그것은 우둔한 객기에 지나지 않았던가, 넘쳐나는 정력발산이었던 것인가?

필자 또한 주체할 수 없을 정도로 지나친 감성을 걷잡을 수 없었고, 이성적 판단이란 끈으로 분출하는 감성을 단단히 묶어야 했지만 붙잡을 수 없었고 본능마저 자극했던 것이었다. 그런 본능적인 행동은 비행청소년에 가까울 정도의 극한 행동이었다.

열혈청년이란 그 허전함에 사이드, 즉 방외인方外人의 삶을 걸었지만, 그 방외인의 삶은 훌륭한 족적은 될 수 없었다.

하나 인간이기에 질곡의 시간과 현실과 괴리된 정신적 공황을 느껴야 했던 필자는 그런 누적된 시간으로부터 지난 나의 삶을 반성하는 자성自省의 시간이 될 수 있었다.

2장. 좌절과 희망의 이중주

거듭되는 젊음은 냉큼 성년을 넘어 혼기 찬 건장한 남성이 되었고 제2의 인생이라는 초례를 치렀으며 사랑하는 아내를 맞이했다.

집사람 사이에서 혈육뿐만 아니라 신혼의 달콤함에 빠져들었다.

달콤함에 고개를 내민 가장으로서 부담, 그것은 다름 아닌 부양의 막중한 책임을 감수해야 한다는 것이었다.

배운 것은 운수에 관련된 종사로, 여느 기사 못지않은 모범의 기사로서, 자사自社에서 사랑받는 직원이었고, 가정도 예전에 비해 한결 평온했다.

하나 호사다마일까, 복에 겨워서일까…!

가정에 음험한 기운, 즉 먹구름이 몰려오기 시작했는데….

난 다시 불행의 과거로 회귀한다는 상심에 젖어들기 시작했다.

왜 불행이란 어두운 터널을 완전히 떨쳐버릴 수 없는지…!

왜 나에게 행운의 신은 존재하지 않는지 근원적인 존재의 문제에 휩싸이기 시작했다.

때론 술과 향락으로 나 자신을 짓누르는 고뇌로부터 탈출을 시도했던 때이기도 하다.

어느 날 필자는 나 자신을 냉철하게 그것도 객관적 입장에서 스스로에 대해 고민을 했다.

간헐적으로 일어나는 정신의 분산 이런 증상은 바이오리듬 즉 생체리듬의 이상으로 오는 신경의 절연 때문인가…!라고 반문도 해보았지만, 그 해답은 찾을 수 없었다.

언젠가 동양의 서적을 통해 신비한 비밀을 얻을 수 있었다.

일찍이 동양의학에서 신경은 신神의 길이라고 기록된 것이 기억나는데…. 그렇다면 그 이유를 나의 과거를 소급해 간다면 해답을 찾을 수 있을 것인가.

필자는 3살 되던 해 널브러진 전기가설로 감전을 당했던 뼈아픈 사연이 있었는데,

당시 사고는 나만의 사고가 아니었다.

한 가정에 중첩되는 사고로 조모와 동시에 사고가 났던 것으로 조모는 금지옥엽 애지중지하셨던 4대 독자인 필자를 온몸으로 껴안고 자신의 삶을 애 손자에게 흔쾌히 바쳤던 살신성인의 서글픈 사연을 남겼다. 이런 살신성인의 의연한 자세를 보여준 이로 위로 거슬러 올라가면 불사이부不事二夫라는 지조를 일관했던 열녀 고조

모가 계신다.

마구니들 하는 말. "병신 새끼 할매가 어디 있나? 네 열녀 할머니는 약 먹고 죽었다."

옆의 마구니도 거든다. "저놈한테 신이 어디 있나, 매일 술 처먹고 있는데…. 저 새끼는 지옥 가야 한다."

이에 질세라 다른 마구니가 하는 말. "내가 지옥부 명부 바꾸어서 극락 갈 놈이 지옥 가고, 저놈 덕분에 극락 가게 생겼다."

그날도 어김없이 금수 독충과 싸움을 하였다. 전쟁 중에 마구니들 하는 말.

"저놈 죽고 나면 새끼 할매 다 죽어서 우리는 극락 가고 저놈 가족 차례대로 죽여서 지옥 보내서 가족 씨를 말려야 한다. 위에서 보면 모른다. 지옥부 문이 1년에 한 번씩 열리는데 저 새끼는 모른다고 한다."

고조모에 대한 각종 문서를 진주 박물관에 기증하고 난 후 얼마 지나지 않아 내림굿을 받았다.

大東三綱錄 卷之上烈三十八
대동상강록 권지상열삼십팔
諸氏 漆原人 咸安 趙德孝之妻 素有貞淑知德
제씨 칠원인 함안 조덕효지처 소유정숙지덕

鄕里所知 夫病欲

향리소지 부병욕

願以身代 晝宵不懈 以刀斷指垂喉 卽甦延七日命

원이신대 주소불해 이도단지수후 즉소연칠일명

幾至隕命 鄕里感其烈

기지운명 향리감기열

屢告營邑 未蒙褒旌之典 鄕里慨惜 高宗丙寅 立石記蹟

루고영읍 미몽포정지전 향리개석 고종병인 입석기적

海州 鄭敏教 撰碑銘

해주 정민교 찬비명

　　조선『삼강행실도』상 권의 열녀 삼십팔 편에 기록되었는데, 제
씨는 칠원 인으로 함안 사람 조 덕효의 아내다.

　　제 씨는 본래 정숙한 덕을 가졌다는 것이 고향 사람들에게 알려
졌던 터였고, 남편이 병이 들었을 땐 밤낮을 게을리하지 않고 자신
의 몸으로 남편을 대신해 달라고 애원하여, 칼로 자신의 손가락을
잘라 그 잘린 손가락에서 뚝뚝 떨어지는 피를 남편의 입에 들이키
니 남편은 즉시 소생하여 칠 일이 되었을 무렵 남편은 운명하였다.

　　마을 사람들은 관청에 여러 번 이 감회를 알렸으나 정려의 은전
을 받지 못하게 되자 마을 사람들은 애석하게 여겼는데, 마침 고종
병인년 1886년에 은전을 내려서 해주 정씨, 정민교에 의해 비석의
글이 새겨졌다.

열부 조덕효(조현한의 5대조)의 아내 칠원 제 씨의 비

기기(祈祈:비가 고요하게 내리는 모습)한 석인(碩人:큰 인물)이니,

박실하게 정진(貞眞:곧고 참 된 것)함을 지켰도다.

부군을 위하시어 손가락을 끊었으니, 의만을 생각하고 자신을 버리셨네.

모든 가행을 새겨 두었으니 그 정신은 늠늠했을 뿐이로다.

꽃다운 명성이 백세에 전하리니, 석면도 길이길이 유신으로 이어지리. 중원 병인년 3월에 세우다.

|비문|

사람이 도로 삼는 것으로 삼강이 있나니, 자식의 효성과 신하의 충성과 지어미의 열행은 진실로 시작이면서 백행에 앞서는 것이다.

그러므로 조정에서는 정선의 법이 있고 백성에게는 관감(觀感:보고 느낌)의 교화가 있으며 강상(綱常:윤리 도덕)을 만고에 알려서 방명을 백세에 이어가게 하나니 이것아 선왕의 제(制:법)이다.

열부 유인 칠원 제씨는 고려 벽상공신, 평장사 휘 문유의 후손이요 중 병조판서 시 충장 휘말의 9세 손녀다.

어려서 집에 있을 때는 아름다운 모습에 정상한 마음씨로 부모의 뜻을 어기지 아니하니 부모께서 마음속으로 매우 사랑하고 기특하게 여기더니 자라서 함안 조덕효의 집에 시집갔다.

조덕효는 대소헌 시 충의공 휘종도의 현잉(仍賢:후손)이었으니 평소에 집이 청빈하였으나 정성을 다하여 부도를 지켰다.

물동이를 이고 들고 나면서 길쌈하고 베를 짜서 감지를 갖추었으며 비록 소채와 숙수라 하더라도 그 마음을 기쁘게 하기에 힘쓰니, 구고가 항상 안락하게 지냈으므로 참으로 양지(養志::마음을 편안하게 해드리는 것으로 제1의 효도다)의 효도라 이를 만하였다.

이러던 중 어느 날 갑자기 하늘과 같이 섬기던 남편이 어떻게 할 수 없는 병에 걸리어 괴로움이 더욱 심해지니 탕을 다려서 살피고 지극한 정성을 다하지 않는 것이 없었다.

또 산신께 제사 지내고 두성(斗星:북두칠성 즉 하늘)에게 빌어 자신으로써 대신해줄 것을 원하였다.

그러나 마침내 구할 수 없는 지경에 이르니 부인은 조용한 마음으로 놀래지 않고 칼을 집어 손가락을 끊어 피를 드리워 입에 적시니 돈절한 지 반향에 다시 소생하였다가 7일이 지난 뒤에 영서하였다.

오호! 상천이 7일의 명으로써 부인의 열행을 드러낸 것이다.

포정의 예는 성인의 하늘의 뜻에 의지하여 질문을 하게 하는 것이나, 마을이나 고을에서도 그 은전을 입지 못하고 요요한 기가 백 년이어서 그의 민몰될 뻔하였더니 다행히도 선성의 사당에서 삼강행실을 널리 캐어 편집하였다. 그리고 또 완의로 표창하니 천감이 공소하여 지성은 가려우기가 어려운 것이었다

아를 금석에 새기어 영세에 그 꽃다운 이름을 이어가고자 하였으나 부인의 손자 금제와 섭제가 재력이 미치지 못하여 항상 스스로 눈물을 삼키고 있었다. 이러한 중에 같은 마을에 장보(章甫:선비)들이 힘을 도우니 정주현이 조용록과 임봉규와 김진한으로 나에게 기를 청하였다. 나도 또한 그 의에 감동되었으므로 불문으로써 사양하기 어려워 그 줄거리를 간략하게 쓴다.

병인년 상원에 수양 정민교가 찬하다.

▶5대 조모 열녀비

▶진주 박물관에 기증한 서류

▶아내가 문중에서 받은 효부패

각설하고.

당시 감전사고는 마을이 생긴 이래 일찍이 없었던 전대미문의 사고였다. 조모는 감전사고로 즉석에서 사고사하셨고, 난 내 몸속에 감전의 후유증을 느끼지 못하고 성장했던 것이었다.

그러나 시간이 흘러 나는 심신이 허약했고 온몸에 전율이 흐르는 것을 느끼곤 했는데, 그다지 심한 고통은 없었지만 현대의학에선 감전의 후유증이라는 소견을 내렸던 것이었다.

감전은 나의 육체에 흐르는 신경분포, 즉 뉴과 아드레날린 그리고 아세치콜린의 감정선을 일절했다라는 가설에 봉착했고, 중첩된 고민은 딜레마라는 정신적 아킬레스건 그 이상의 중대한 고민거리가 되었던 것이었다.

병이 병을 자초한다고 했듯 난 이 깊은 고민의 늪에서 수수방관해야 하는가라는 기로에서 서성거려야 했고, 때론 성적 부진에서 오는 일체의 문제점을 감전 사고에 이입했고, 줄곧 정신착종과도 유사한 정신쇠약증을 앓고 있었지만, 가족부양을 위한 경제활동에 여념이 없었다.

딱히 말해 운전사란 전일되고 획일화된 생활은 건강한 육체를 피폐하게 하고 정신을 매몰시키는 지상에서의 최고의 노역이다.

하나 난 노동은 신성하다는 기치 아래 운수 종사에 흔쾌히 나의 육신과 정신을 내던졌고 오직 가족 부양을 위해 그동안 내 육신을 돌아볼 겨를이 없었는데, 이는 곧 나 자신을 학대하고, 신병을 더 키웠던 것이 아닌가라고 반추해 본다.

3장. 단란했던 가정

일찍이 아비지를 여읜 난 아버지의 역할을 대신해야 했고 대역을 맡은 난 한 가정의 가장으로서 온갖 허드렛일도 마다치 않았다. 가난은 종식될 수 없었던가.

대물림되는 가난은 한 가정을 움츠러들게 했고 아녀자의 한 몸으로 가솔을 이끌어가기엔 비소한 어머니에겐 일상의 과업을 뛰어들 힘이 없었다.

그 나약한 힘은 남존여비男尊女卑, 즉 아들을 숭상했던 나머지 4대 독자인 나에게 가사에 관한 일체의 일에 관여치 못하게 했고 전일하게 학업에만 매진하게 했던 것이었다.

난 당시 어머니의 심정을 어렴풋하게나마 이해할 수 있었고 이런 어머니의 마음을 잊을 수 없었기에 가난이란 두 단어를 일소하기 위해 악착같이 살아야 한다는 마음이 싹텄다.

난 차량에 관련해 각종 면허를 소지했는데 거기에는 1종 보통 면허로 시작해서 대형 면허와 운전기능의 꽃이라 할 트레일러와 굴삭기 면허까지 소지했으니 돌아보면 객기라 해야 할지 아니면 단순한 호기심이었는지 정확한 해답을 내리기 어렵다.

그렇지만 한쪽으로 기울 수 없었던 것은 가족 부양에 대한 책임감에 눌려 면허에 대한 열의를 보였기 때문이다.

지난날을 생각하면 다람쥐 쳇바퀴 돌 듯 쉴 새 없이 분주했지만, 한편으로 보람찬 나날이었고 살아있다는 삶을 재확인하는 시간이라고 할 수 있다.

시샘이라도 하듯 잡힐 듯 잡히지 않는 뭉게구름 같은 그 무엇이 나의 전신을 불쾌하게 긁적거렸는데….

그때가 1988년 7월 26일 즈음이었다.

난 대형 교통사고로 장애 3급 판정을 받았고 장애인의 몸이 되었으나, 병상을 박차고 현장으로 나와야 했고, 그렇게 해야만 가족들의 부양을 책임질 수 있었다.

난 병상에서 이런저런 생각을 해보았다. 독자의 몸이 아니었다면 좀 더 오랜 시간 나의 몸을 온전하게 치유하고 싶었지만, 그렇게 할 수 없었던 가정환경이 나의 마음을 더욱 아프게 했다.

난 다시 면허를 취득해서 다시금 운전석에 앉아야 하는 악전고투를 벌여야 했으니 여간 독한 사람이 아니었다.

고통의 연속이었지만 그나마 삶의 위안을 얻을 수 있었던 것은 자녀들이 본분에 충실했다는 것이고 못난 아버지의 빈자리를 스스로 메워갔다는 것이었다.

그 철부지 애들이 아무런 구속 없이 성장할 수 있었던 것은 다름 아닌 아내 덕분이었다.

그 아내는 지지리도 못난 지아비에게 열렬한 헌신을 보여주었으며, 자녀에겐 어머니로서의 자애와 엄격을 겸비했을 뿐만 아니라, 며느리로서 시어머니에 대한 봉양과 양지를 게을리하지 않았다. 세궁한 가정을 자처해서 매사 불만과 의욕이 결핍된 나에게 용기와 응원으로 다가왔던 것이고…

더욱이 집안 대소사에 있었어도 누구보다도 일족의 화합을 우선했는데 이는 제목과 상관없이 이 글을 통해 말하고 싶은 것이 솔직한 나의 심경이다.

… 털썩 주저앉은 병든 남편을 간호해왔다는 마음은 그 무엇과도 바꿀 수 없는 값진 가치를 주었던 것이었고, 그래서 나에게 피앙세로 남아주기를 바랐지만 이젠 지워지지 않는 소중한 사랑 앞에 '비에왕질러別忘極了'라고 당당히 고백하고 싶고, 다시 천 년이 지나도 잊히지 않는 소중한 만남이었다는 것을 재확인하고 싶은 욕망에 그만 펜이 그분에게 달려간 것에 양해를 구하고 싶다.

그때는 우리 부부의 극렬한 정신적 수난기였던 것이었다.

이렇듯 난 살아오면서 물질적 도움보다는 정신적 사랑을 많이 받았던 것인데… 아내로부터 편모. 그리고 주변 지인까지, 그들의 여망은 남달랐다.

그런 여망에 부응하지 못하고 신병이란 무서운 트라우마에 압도된 나의 사지육신은 한 걸음 앞으로 나아갈 수 없었고, 폐인이 되다시피 한 나의 문드러져가는 정신은 그들 마구니들에 맥없이 굴복해가고 있었다.

저들과의 타협은 있을 순 없었다.

난 나의 오관五官에서 그들 마구니들의 소음 아닌 굉음에 시달려야 했고, 아니 온통 불면으로 지새워야 했고 이러한 고통 아닌 고문을 받았다. 하지만 그들 마구니들은 성에 차지 않았는지 나에게 그들의 잡다한 이야기를 들어주기를 주문했으며 설령 그들의 청을 거역한다면 지체없이 해로가薤露歌, 즉 장송곡葬送曲을 부르며 으스스한 공포에 따른 갖은 협박을 해왔는데 마치 묵직한 해머로 머리를 내리치듯 몽롱한 순간 또한 한두 번이 아니었다.

마구니들은 부부 별거, 자식. 형제자매, 가까운 친구나 지인들과의 연락두절을 하게 해서 사람을 괴롭힌다. 이 모든 것을 마구니들이 시킨다.

요염한 마구니가 나에게 제의했던 것이 지금도 이해할 수 없을 뿐더러 이젠 그 많은 과거에 매몰되기보다는 이 마구니와의 결전을 위해 젊을 날의 소소한 이야기는 접어두고자 한다.

4장. 유혹으로부터의
몸부림

육 년 동안 간질환자와 같이 몸이 뻣뻣하게 군는 불인지仁의 유신이 되었지만, 마구니와 오고갔던 그 수많은 잡설을 늑골의 살점 도려내듯 한 점 한 점 발라내야겠다.

필자가 처음 당했을 때는 33일 동안 술을 먹을 때로, 처음 귀가 열릴 때는 사람 소리가 며칠 들렸고 '마구니가 왔다, 마구니가 왔다'라는 거듭되는 굉음은….

마치 노랫소리같이 마구니들의 소리가 들렸다.

이런 증후로부터 희뿌옇게 보였던 두 눈엔 광명이 스며들었고, 이명이었던 두 귀는 퇴사로 무너져 내린 흙더미를 걷어치운 듯 청명하기만 했다.

그뿐만 아니었다.

아이로니컬하게도 그들 마구니들은 그림자처럼 나의 일상의 일과를 세심 없이 감지하는데 시시각각으로 일어나는 신변잡기 따위를 대거 기록하여 읊조렸고 마치 길들어진 앵무새가 지껄이듯 나의 정신에 군림하며 사유에 번잡함을 일으켰다.

그랬다. 그들은 그리 녹록하지 않은 악랄한 귀신이었고, 나에게 또 하나의 제의를 했다.

나의 오관 중 온전한 것은 코와 입뿐이고 이것마저 저들이 강탈이나 하려는지 맹수가 포효하듯 으르렁거리기만 하면서 압박을 해오는 것이 아닌가.

그런 와중 마구니들은 나에게 말을 걸어왔다.

"만약 네가 나의 시키는 것을 충실히 수행한다면 그때 봐서 한 가지 소식을 준다는 것이었다.

그 한 가지 소식은 나에게 황홀하고 신비한 체험을 준다는 것이었는데, 그렇다면 저들 마구니들이 나에게 준다는 한 소식은 도대체 무엇인가.

다름 아닌 신기를 전수한다는 것이었고 신의 아들이 되어 자신들과 늘 교감하는 것과 천도재를 요구했던 것이었다.

천도재는 무주구혼을 달래 육도윤회를 종용하는 의식으로 이는 불교에서나 무속의 세계에서 행하는 일종의 영가에 대한 의식인데 이 의식을 하자면 비용이 만만치 않았고 난 이들의 말을 십 분 이해할 수도 없었다.

난 이들과 결전을 하기 위해 최후의 선택으로 그들을 축출하는 구병시식救病施式을 행하기로 마음먹었다.

구병시식은 불교에서 악귀를 쫓아내는 일종의 치료행위로 귀신의 축출하는 데 즉효라는 것은 공공연한 사실이었다.

그런데 어찌 된 일인지… 귀신이 곡할 소리라는 그 말이 적절한 표현할 듯하다. 이들 귀신들은 자기를 떼어낸다는 것을 알았던 것인지… 얼마 후 비소하고 나약한 모습으로 속삭이듯 나에게 은근히 채근하는 것이었다.

염치없는 마구니는 또다시 제안했는데 만약 자기의 부림을 이행한다면 나의 두 귀를 청명하게 해 줄 것이며 나의 두 눈에 광명을 줄 것이라는 약속을 거듭하였는데 시시콜콜한 그들 잡설을 다 들어줄 수도 없을뿐더러 나에겐 그럴 시간적 여유도 없었다. 거기에다 기금을 들여 제를 지내줄 돈도 없었다.

난 마구니들과 응전을 하겠다는 제스처로 씁쓸하다는 표정을 지으며 담배를 한 개비 꼬나물면서 혼자 중얼거렸다.

"할 테면 해 보라지. 너희 귀신들이 나를 어떻게 할지…. 한번 보자꾸나"

그림자처럼 나의 일신을 주재하는 귀신이 하는 말이 더 가소롭다.

"넌 제를 안 할 수 없을걸."

난 화들짝 분노가 치밀었다

"네가 뭔데. 개 같은 소리를 지껄이느냐! 싸가지 없는 년…. 아 참 너희들은 년인가 놈인가도 없는 귀신이지…."

난 또다시 홧김에 그들을 향해 대성일갈했다.

"우 선생인가 하는 인간이 자기도 추스르지 못하면서 걸레 같은 귀신을 끌어들여와 나를 괴롭힌다 말이야…!

접신을 시키려면 영특한 연놈을 붙이지…!

어떤 무당은 잘도 복채 받아 먹더니만 난 병신 같은 것만 붙어서 점괘는커녕 몸만 욱신거리고 정신만 몽롱하기만 하단 말이야.

내 할 말은 다 한 것 같으니 이만 하자꾸나.

그리고…. 내 몸속에 공부해서 들어오면 빚을 내서라도 근사하게 의식을 해 줄게. 천도재뿐이랴…!

돈 좀 벌어먹자…! 멍청한 마귀들아. 이젠 네가 너희에게 주문할게.

나에게 진하게 한 소식 전해 준다면 그때 가서 다시 이야기하자꾸나!"라며 마디 맺힌 소리로 연거푸 쏟았다.

그랬다. 나에게 허주 굿거리를 거행할 때 우 선생이 주관했던 것이었고, 그에 말에 따르면 신을 받으면 여태껏 괴로웠던 고통에서 벗어날 수 있다고 했다.

온신도 아니고 반신도 아닌 채 헛소리만 나불거리는 거리의 악사와 같이 남의 비웃음을 면치 못하는 게 나의 현주소다.

생각해보면 나의 실수였다고 하지만 당시 우 선생인가 하는 그는 신의 힘으로 다시 나의 정신과 육신이 건재할 수 있다는 헛소리만 지껄였고 나는 바보처럼 맹종했던 것인데 이는 나를 더욱 피폐의 늪으로 몰아갔다. 그렇다면 그는 나에게 귀신이란 올가미를 씌운 마녀라고 당당히 말하고 싶고 다시는 나 같은 희생양이 없었으면 하는 바람에 흥분을 뒤섞어 발분하는 것이다.

그렇다면 우리 환자들은 온갖 해괴한 그들의 말 수작에 어떻게 대처하고 대응해야 한단 말인가! 병원과 그 유명한 스님과 법사, 이들을 전적으로 믿고 과감히 이 한 몸을 그들에게 내맡길 수 있단 말인가? 난 그렇게 믿었던 것이었고 그렇게 소리 없이 망가져 갔다.

우리 환자들은 이제부터 내공을 길러야 하고 자신을 초극하는 자세를 먼저 익혀야 한다고 믿는다. 무엇무엇이 좋다는 감언이설 그 자체를 일체 배제하고, 법사法師 아닌 무속인의 해괴한 저술로 혹세무민하는 오만과 편견이 뒤섞였고 독선으로 가득한 저들 세치 혀를 조심해야 한다고 믿는다. 그들 말은 구업에 지나지 않을 뿐 아니라 자기 괴시욕에 지나지 않는 날조와 허위로 뒤범벅되었다는 것을 알았던 것이었다.

그동안 필자는 지난 육 년의 고투를 통해 허구로 고통받는 환자에게 이중의 고통을 준 그들이 마구니와 매한가지라는 것을 재확인했던 것이었고, 그들의 날조된 원고는 고통으로부터 자유를 갈구하는 이 세상 모든 환자를 마굴에서 한 발짝도 달싹거리지 못하게 했던 덫이라는 것을 거듭 확인했다.

이에 필자에게는 나 홀로 터득한 나만의 노하우가 있었고, 이 노하우를 육신이 메말라가는 여러 독자를 다시 세상으로 나아갈 수 있는 자양분이 되었으면 하는 간절한 바람에 본 책을 주섬주섬 엮은 것이다.

그때 난 해괴한 우 선생인가를 만났고 그와의 만남은 대략 손가락을 접을 정도의 횟수였다.

그런 만남 속에서 그와의 배움 없는 한 마디 한 마디는 나의 난청을 때렸는데 그 한 마디는 단순하며 싱거웠고, 어릴 때 감전사고가 그 모든 전말이었다.

이제부터 난 신의 삶을 살아야 할 터인데 과거에 대한 그 모든 것을 들춰낸다는 것은 아직 그에게 치러야 했던 거금을 바라는 대가가 미흡했던 것인가.

그녀는 문득 이유 아닌 이유를 들먹이는 것이 아닌가.

물론 신의 세계는 사물의 근원. 즉 존재의 본질을 파악한다는 형이상形而上의 머리 지끈거리게 하는 상상의 세계라 하지만 이는 오해를 불러들일 소지가 다분했던 것이고 하마터면 취업알선 사기를 방불케 했던 것이었다.

난 그녀의 말이 내심 불쾌하기만 했고, 현재 그와의 만남은 이루어지지 않는 데다 사실 난 그에게 다가갈 마음의 자세도 되어 있지 않지만, 때론 그에게 환멸 아닌 염증을 느꼈던 터였다.

그렇다.

그 멘탈을 두 손으로 움켜잡고 싶을 정도로 삶에 애착을 느껴본 적은 없었다. 난 그런 피직스physics 이상의 멘탈meantal의 소중함을 알았고 그런 멘탈을 진리에 소비하지 않았던 지난날이 후회스럽기만 하다.

잘못된 멘탈은 그릇된 일상의 방종을 불러일으켰고 그릇된 삶의 주범으로 자리매김한 오늘. 난 다시금 되돌릴 수 없는 그때 추억을 더듬으며 나의 멘탈의 회복을 기원하며 젊은 날의 그 활기차고 희망 가득한 그때로 돌아가고 싶다.

난 마구니들이 무엇인 줄 몰랐지만 어릴 적 주위 어른들로부터 '헛것, 헛깨비, 도깨비 또는 혼불'이라는 용어는 익히 들어온 터였고 더욱이 최근 최명희의 베스트셀러 소설 『혼불』을 통해 귀신의 세계를 조금이나마 이해할 수 있었다.

덧붙인다면 지난 나의 인생의 전반 그 자체가 방황과 일탈의 순간순간이었고, 객기가 가득한 열혈적 반항의 시간이었으며, 바람에 쓰러진 쑥대와 같은 좌절의 한순간 한순간이었는데 마치 광대가 외줄을 타듯 아슬아슬한 안위가 교차하는 시절이었다.

그건 바로 이문열 작가의 회고작 『젊은 날의 초상』과도 흡사한 삶이었다고 해도 지나친 말은 아닐 것이다.

누구나 다들 그렇겠지만 젊음은 말 그대로 청춘과도 상치되는 말일 것인데 두 번 다시 돌아오지 않는 청춘을 난 아름답게 보내진 못했다. 중국 송宋나라의 철인이자 사상가인 주자朱子는 이렇게 갈파하지 않았던가.

"청춘은 두 번 다시 오지 않고 새벽은 두 번 다시 오지 않는다." 라고. 청춘들에게 시간의 소중함을 바늘로 찌르듯 경각심을 불러일으켰던 그의 시구는 잠언箴言이었고 지천명의 순간 난 확철대오할 수 있었다.

시간의 소중함을 일깨워주었던 이가 비단 주자뿐이겠는가. 서양의 철학자 루소 또한 제2의 인생이라는 슬로건을 내세우면서 젊은 날의 준비. 준비된 미래는 아름다운 인생을 살 수 있다는 것이고 완전한 인격을 갖출 수 있다는 그들 동서양의 대 철인의 어록을 통해 입증할 수 있었고 그런 그들의 말은 진리였다. 하나 더 사족을 붙인다면 빅토르 위고 역시 시간의 소중함, 그 소중함은 함몰되는 생명력보다 더 가치 있었다는 것을 수감 중에 고뇌했던 것이고 그 시간의 소중함이라는 가치를 문학으로 승화하지 않았던가. 이는 장발장이라는 인물의 선택보다는 무심한 시간 시간여행이라는 그 소중함을 일깨위준 베스트라 할 수 있는데 우리에게 시간의 중요성을 재삼 확인하는 기회를 주었다고 할 수 있을 것이다.

부끄럽게도 난 미래의 삶을 준비하지 못했고 허송과 방황 그리고 분노와 이유 없는 반항, 즉 제임스 딘의 영화 한 장면 속 히피족을 방불케 했다.

그렇다고 장발에 기타를 둘러매고 낭만과 젊음을 부르짖으며 들판과 해변을 쏘아 다니지도 못했고 그렇다고 화끈하게 해변에서 에로틱한 로맨스를 즐겼던 뚜렷한 기억도 없다.

나의 젊음은 밀물과 썰물과도 같은 일정한 틀, 즉 도식적 삶이었고 이는 밀려오는 밀물과 썰물의 조수간만의 차이와도 같은 포말이 강렬한 태양에 한 움큼 물방울이 되듯 보잘것없는 젊은 시절이었고 때론 휘청이며 잔잔한 호수에 파랑만 일으켰던 슈트롬 운트 드랑, 즉 빠른 바람과 소용돌이 치는 물결이라는 질풍노도의 그 순간순간을 얇은 얼음을 밟듯 준비 없는 성인이 되었다.

한때 열혈청년 모두가 꿈이 없었겠는가.

난 남들처럼 그것도 고관대작을 바라지도 않았고 다만 남들처럼 일생을 조용히 살면서 배운 대로 그에 걸맞은 대가를 받고 살고 싶었다. 너무 소박한 꿈일까 아니면 남자의 야망이라고는 너무 비소할까 아니면 왜소하다 해야 할 것인가.

그런데 또다시 젊은 시절보다 갑절이나 되는 불행이 찾아왔다. 이를 적절히 대처하지 못한 난 정신적 딜레마에서 허우적거려야 했다.

왜 불행이란 어두운 터널을 완전히 떨쳐버릴 수 없는지…. 왜 나에게 행운의 신은 존재하지 않는지에 대한 근원을 파헤치고자 했고 존재에 대한 해답, 아니 나의 원죄를 저 조상으로부터 깨달음을 얻어 중생을 다스린다는 붓다에게 묻고 싶었다.

동국제강의 창업자 장경호 회장이 젊은 날의 억누를 수 없는 광기를 합천 해인사 일주문에서 붓다와의 인생 거래를 했듯이 바라는 약속만 지켜준다면 자신의 일부를 붓다에 되돌려 줄 것을 약속했던 그 거룩한 처사의 한결같은 마음. 그 인간처세, 그것이 나의 전신을 꿈틀거리게 했고 나의 뇌리에 강렬하게 각인되었다.

그 말이 유독 나를 매료시켰고 지금도 그 말은 유효하지만 천 년이 지나도 저버리지 않는 성인과의 맹서였다는 것을 나 또한 이 거룩한 현장을 목도하였기에 그런 절규를 허공을 향해 토했다.

이런 생각으로 가슴이 가득 부풀어 올랐지만, 나에겐 화중지병畵中之餠, 즉 그림의 떡이 되고 말았다.

그 많은 술과 그 많은 시간의 향락으로 나 자신을 짓누르는 고뇌로부터 탈출을 시도했다.

거나하게 들이켠 술은 나의 전신을 찌들게 했고 그 찌든 삶은 원형이 탈각된 파편처럼 정신과 육체는 양파 벗겨지듯 한 꺼풀 한 꺼풀 벗겨져 가고 있었다.

휘청거리는 육신을 간신히 일으켜 중심을 잡아보았지만, 나의 정신은 물안개 피어오르듯 종잡을 수 없는 동천의 세계로 들어가는 듯했다. 그 동천의 세계는 해괴망측한 이상한 세계였고 거기에는 인간이 상상도 할 수 없는 별천지에 가까운 새로운 세계에 점점 빨려가고 있었고 사람의 옳은 의식이라고는 할 수 없었다.

중국의 공산당을 창건했던 마오쩌둥, 그는 이렇게 말하지 않았는가. 부강의 국가가 되고 부인富人이 되려면 최소한의 정신은 있어야 한다고 말이다.

그 온전한 정신은 일본 에도막부 시대에 사무라이들이 늘 신주 모시듯 애용하는 정신일도하사불성精神一到何事不成이라고 해서 칼의 날 끝을 응시하며 정신을 흡입하는 자세 그것은 응집력이었고 그런 정신을 통해 육체를 주재하고자 했던 것이었고 그 온전함이 깃든 정신 속에 육체는 더욱 강건하다는 것이라고 믿었던 것이었다.

그렇다. 『주역』, 「계사繫辭」에 이런 말이 있지 않은가.

'천행건군자자강불식天行健君子自彊不息'이라고 했던 말처럼 정신을 온전히 하기 위해 그 수많은 선비, 즉 학인들은 놓아버린 정신을 붙잡기 위해 수렴방심收斂放心의 수양을 통해 얼마나 자신을 단련했는가. 그것은 바로 정신을 응집하는 수양이었고 수양을 통해 가스가 분출하듯 터져 나오는 감성을 이성으로 제어했다.

난 그렇게 나 자신을 자중자애, 즉 나를 위로한 적이 있었고 또한 세계를 통해 내면을 살펴보았던 것인가…라고 말한다면 난 방종과 알코올에 의존해서 감성의 날을 더 쭈뼛하게 세웠던 것이었고 날 선 신경은 나를 정신이상의 행동을 하게끔 했던 것이었다.

이런 관념과 의혹 나를 정신을 어지럽게 했고 의혹은 연쇄 사슬처럼 꼬리에 꼬리를 물었다.

말꼬리는 여기에 멈추지 않았고 상상도 할 수 없었던 그 먼 미지의 세계, 즉 달나라의 계수나무를 꺾을(桂掘)듯 인공위성을 날려 보내며 첨단과학을 자랑하는 오늘이지만 우주의 티끌보다 못한 나의 조그만 질병을 치료할 수 없다 말인가를 연이어 중얼거려 보았고 이런 독백으로 중얼거린 지도 어언 칠 년의 세월이다.

그랬다. 저들 과학은 나의 몸을 단순히 어려운 그들의 용어로 생체리듬, 즉 바이오리듬의 불완전한 대칭 언밸런스라고 말하지만 그들의 말을 십분 이해하고 마냥 그들의 말만 믿고서 그만 주저앉아야 하는가 아니면 자구책으로 민간의 치유방법을 노크해야 하는가라는 기로에 부딪혔다.

희망은 플라시보라고 하지 않는가. 많은 칭찬을 퍼붓는다면 부진했던 사람도 성공할 수 있고, 온몸에 암 덩어리가 독버섯처럼 자생했더라도 설탕 아닌 소금으로 정신을 위로해서 치료할 수 있다는 플라시보. 난 그런 방편으로 정신의 근원을 찾아 나섰다.

난 언젠가 동양의 서적을 통해 신비한 비밀을 얻을 수 있었는데⋯.

일찍이 동양의학에서 신경은 신神의 길이라고 기록된 것이 기억나는데, 그렇다면 지레짐작으로 퍼즐 맞추듯 이유에 대한 해답을 찾을 수 있을 터인데 그런 사연은 이렇다.

기실 필자는 세 살 되던 해 전기가설로 널브러진 전기선에 감전사고를 겪었는데 나한테는 생경했지만, 그때의 사고를 주위 목격하신 분들과 어머니에게서 대충 들은 바로는, 필자의 마을은 전기를 갓 가설한 오지奧地 마을로 전기에 대한 안전부주의로 한 가정이 삼황오제三皇五帝 중 불의 신 염제炎帝에게 저주를 받았는지 그때 조모는 유명幽冥을 달리해야 했고, 난 장애를 발견하지 못하고 성장했던 것이다.

시간이 흘러 나는 심신은 조락해져 갔고 온몸이 예전 같지 않게 나른해졌으며 별다른 고통은 감지하지 못했던 터였다.

하지만 나의 이상한 행동은 남들의 오해를 일으킬 수 있는 충분한 소지가 되었고 주위 분들과 어머니 그리고 아내의 권유로 난 병원을 방문했다.

그때 종합병원에서는 감전사고의 후유증이라는 것을 얼버무리며 정확한 진단을 내리지 않았다.

흰 가운 입은 그들의 소리는 저승사자와 같았고 형을 집행하는 검은 제복 판사의 판결문과 같은 소견서는 나를 더욱 나약하게 했다. 나약하게 했던 것은 그들 의사들의 치유에 대한 예후가 전무하다는 것이다. 그렇다고 일제강점기 독립운동가로 일제에 피체되어 전기고문의 후유증을 치료한 경험도 없었던 현대 의학인으로 서 더 높은 의학 지식을 요구한 것은 아니지만, 그들의 짧은 확답 은 내심 나의 마음 한구석을 어지럽게 한 것은 분명했다.

과연 그들 의사들은 의성 히포크라테스의 의사 정신에 입각한다 하지만, 과연 히포크라테스 시대에 나와 같은 정신에 균열이 간 인 간이 있었을까라고 반문하고 싶고 혹 그 의성은 이런 문제를 어떻 게 해결했는가라고 되묻고 싶다.

그렇다. 서양의학이 도래한 이후로 그들 가운의 의사들은 고질적 인 질병에 어떻게 처후處後했고 어떻게 대처했으며 어떤 고민을 했 던가. 단순하게 정신질환으로 처방했다면 이는 세심한 사랑이 아 니었다고 여겨진다.

환자를 으뜸으로 생각해야 할 의사 그들은 신병에 대한 새로운 연구에 착안하지 못한 듯하다.

병원. 병원은 단순히 부러지고 찢어진 곳을 봉합하는 곳만은 아 니다. 마음을 치료하는 정신의가 모든 병인을 밝히는 명의라고 여 겨진다. 즉 동양의학에서 말하는 칠정七情, 즉 희노애악오구욕喜怒愛 惡哀懼慾의 그 원인이 나의 정신 광란을 치료하는 지름길이라는 것 을 그들은 이 글을 통해 다시 고려했으면 하는 바람이다.

한데 어느 날 신의 저주였던지 아니면 귀신의 시샘이었는지 땅거 미 지듯 가정에 보이지 않는 아주 미세한 금이 일기 시작했다.

즉 메마른 대지 위에 먼지를 일으킨다는 평지풍파라는 표현이 그럴듯한 표현일 터인데, 이런 음침하고 서늘한 기운은 여태껏 느껴보지 못한 개운치 못한 육체적 신호였다고 표현해도 좋을 듯하다.

기실 필자가 출생하고 성장한 이 보금자리에서 예전에 느껴보지 못한 묘한 기운을 느꼈는데 포근함에 비해 뱉어낼 듯한 이질적 일정한 거리감을 주었던 것으로 기억된다. 이는 분명 지금 생각해본다면 이상한 기류, 즉 온난보다는 한류가 흐른다는 직감을 할 수 있었고, 아마도 마구니의 출현이 이때가 아니었나 싶다.

이때가 때마침 가정이 전복되는 전야제로 마치 한 가정이 벽돌을 한 점 한 점 허물 듯 뚜렷한 이정표 없이 실소되어가고 있었고 나 또한 천직이라 할 수 있는 직업, 즉 덤프트럭 기사에 종사하는 것에 권태와 나태가 일어났고 게다가 일탈행위로 주색을 탐닉했던 것이었다.

주색의 탐닉은 대대로 내려오는 전답으로 대처해야 했고 그런 유혹의 시간은 어느새 사양족의 신세로 탈바꿈시켰던 것이다.

견딜 수 없는 시간과 지체할 수 없는 욕망의 유혹은 온전한 정신을 소유했다기보다는 마치 망나니가 작두 같은 칼에 물을 뿜어 단숨에 죄인의 목을 단칼에 베듯 나 또한 망나니에게 목이 베인 듯한 실신의 시간으로 허송세월할 수밖에 없었다. 이런 틈에 반갑지 않은 귀鬼의 세계와의 악연이라는 반갑지 않은 소리가 이곳저곳에서 들려왔고 미천한 경험의 자부는 깊은 사유 없이 그들의 확신에 백기를 들고 말았다.

난 이런저런 별다른 사유 없이 우 선생으로부터 마귀의 늪으로 빠져나오기 위해 그들의 응전에 대한 도전으로 내림굿을 받았고 그 굿은 마치 나의 삶을 바꾸어 놓을 정도로 요란했지만 난 도무지 그들을 이해할 수 없었고 그들이 그저 그렇다면 난 마냥 세상에 취해 고개만 가로저을 뿐이었다.

그들의 세계에 들어서는 순간 난 순간적으로 나의 피부를 통해 심장 한 곳을 강타당했는데 본인의 의지와는 상관치 않는 말초적 유혹으로 심장 한 곳을 강타해서, 너무나 비열했고 이는 마귀의 광적인 유혹이라는 것을 한 번에 느낄 수 있었다.

이런 유혹은 유혹에 그칠 뿐만 아니라 나 외 가족 구성원을 한 도가니로 몰아갔으며 심지어 오랜 가정을 도탄과 파탄에 이르게 했던 원흉이었다.

그랬다. 그때의 한 장면을 회화성 있게 묘사한다면 모루 위에 쇳덩이를 내리치듯 나의 정신세계를 담금질했던 때였고 난 손 한 번 내밀 수 없는 나약한 몸부림도 할 수 없는 그들의 술수에 허공을 내저어야만 했던 것이었고 무방비 속에 속절없이 난타를 맞아야 했다. 그런 난타는 결국 나의 두 무릎을 굽게 했던 동인이었다고 생각된다.

회고컨대 지난날 난 마귀와 결전을 하기엔 무력했고, 저들 마구니로부터 최소한의 행복을 보상받기 위해, 아니 한 인간으로서 한 가정의 가장으로서 저들과 맞서야 했지만 마치 사마귀가 수레를 가로막는다는 당랑거철螳螂拒轍의 고사와도 같은 우스운 생각을 간혹 했다. 저들 마구니들은 끈적거렸고 나는 그들에게 항쟁도 했었고 종국엔 사생을 결의했다. 게다가 온갖 궁리 끝에 방기를 제작했고 그 방기는 충분히 저들을 굴복시킬 수 있다고 여겼던 것인데.…. 그런데 항전의 과정에서 체험할 수 있었던 것은 이들 마구니들의 몽리는 문틈으로 고개를 내미는 잡힐 듯 잡히지 않는 빛과 같은 간극으로 인간의 행복을 시샘하는 허광虛光이었다. 이 허광을 진압하기 위해서는 불교에서 말했듯 진광불휘眞光不輝, 즉 참된 빛은 찬란하지 않다는 이 진리를 깊이 새기며 접신된 나의 정신과 육체를 말끔히 씻어버리고자 했다.

더욱이 이어지는 진언과 특별 제작된 나의 방기로 저들 마구니와 싸웠는데 나의 정성이었던가, 앙물찬 강단剛斷에서 결정체를 보았던 것인가! 그들 또한 더 이상 반쪽 멘탈을 흔들 순 없었다.

기실 필자는 온전한 정신과 육체를 가진 대한민국의 한 청년으로, 장년長年으로 거듭되는 삶을 살아왔으며 부모에 대한 자식의 도리와 아내에 대한 남편의 도리 그리고 아버지로서의 책무에도 허점을 보이지 않았던 나였지만 언젠가 나의 반쪽 정신이 실직되어 가는 것을 느껴야 했다.

그랬다. 유년기엔 악동으로 들을 쏘아 다니며 싱그러운 전원을 만끽하며 건전한 사유를 소유했고, 이성을 그리워하며 잠 못 이루는 참된 정신을 소유했던 필자였지만 희비가 엇갈리는 분수령과도 같은 나의 삶은 바로 꺾임과 이어짐의 순환이었고, 그 꺾임의 삶은 다름 아닌 정신의 고통과 고투의 시간이라 하는데, 이어지는 무너져 내리는 삶은 한 가정의 와해 그것이었다.

노심초사 나만을 바라보는 편모, 그리고 지아비의 삶을 무언의 기복으로 내심 기다리겠다는 전통적 박재상의 부인 망부석을 방불케 하는 기다림의 미학을 미덕으로 여기는 아내. 그리고 동서불변 한 철없는 아이들을 바라보자니 현실의 방외인方外人, 즉 아웃사이드로 살아가기에는 현실의 높은 장벽이 두렵기만 했고 게다가 짓눌리는 불행과 조락凋落해져 가는 정신은 나 홀로 서기에도 너무 힘들었다.

고압적 정신은 암담하기만 했고….

말똥말똥한 아이들의 순수한 눈빛은 나의 지친 편체偏體에 열매와도 같았지만, 그 누구에게 이 한恨 많은 질곡의 삶을 털어놓아야 할지….

독자들에게 용기와 위안을 얻기 위해 혼자 독백을 하며 중얼거려 본다.

'나의 운명일까 아니면 숙명일까 아니면 불학에서 말하는 나의 전생의 업業, 즉 카르마karama일까!'

진정 생사윤회란 꼬리에 꼬리를 무는 연쇄사슬 고해의 늪에서 떨쳐나 올 수 없는 비소卑小하고 무력한 인간에 지나지 않다는 말인가라며 거듭되는 통탄 어린 절규를 해보았지만, 이는 시간을 늘리는 나약한 인간의 울부짖음에 지나지 않는다는 사실을 발견하고 마음을 추슬러 지난 시간을 통한 앞으로의 삶을 진지하게 모색해야 했다. 이는 달리 표현하면 지난 과거를 통렬한 반성을 발전 가능한 밝은 미래의 나래를 펴는 몸부림이었다고 여겼으며 마치 병아리가 생명을 탄생시키기 위해 온 발톱의 갈퀴로 굳은 각질을 벗겨내듯 생명을 가진 닭이 되기 위한 병아리의 몸부림 그것과도 같았다. 그것은 고귀한 생명, 즉 서양에서 천부인권이라고 하지 않았던가! 난 부모에게 물려받은 정신과 육체를 온전히 간직하고자 하는 열정이 솟구쳤다.

이렇듯….

지난 일을 한 움큼 쓸어 담는다면, 아니 그때를 회상한다면 이런저런 일련의 사건이 누에고치가 실을 토해내듯 고스란히 아니 제록스가 원문을 그대로 출력하듯 전 사실을 그대로 옮길 수 있는 그런 기억은 없지만, 그래도 가물가물해도 나의 뇌리는 추억의 한편으로 안내했는데, 그 추억은 이젠 조각난 파편처럼 이리저리 나뒹구는 그 많은 사연 중 한편에 있는 기억의 시간을 붙들고 싶었고 그 지울 수 없는 기억은 언제나 나의 뇌를 클로즈업했다.

난 그때 조용히 자모子母를 불러 말한 적이 있었는데…. 내 몸이 예전과 다르게 힘이 빠져들고 전율이 흐르고 정신이 몽롱해질까 혹 내가 접신된 것은 아닌지 말해보라고 했는데, 자모는 반신반의의 나의 예측에 수긍하는 착잡한 메시지와 추파를 던졌던 것으로 기억된다.

오뚝이처럼 다시 세상에 나아갈 것이고 세상 저편에 우뚝하게 설 것이며 이젠 난 후회 없는 길을 걸어갈 것이다. 마귀로부터의 해탈, 즉 지긋지긋한 마귀로부터의 얄팍한 제의도 응하지 않을 것이며 그들과 오랜 대화를 통해 진정 그들의 바람이 무엇인지 그리고 생사고해의 어둡고 긴 터널을 헤매는 무주고혼과의 대화를 통해 그들의 영혼을 위해 초옥草屋에서 마음의 천도를 올리고 싶다. 그 마음은 진정 향 한 자루를 사르며 그들의 영혼이 향연香煙처럼 인간의 괴로움을 치유할 수 있는 약사여래 그 이상의 길신으로 자리매김을 하길 바라는 바람에서 쾌유한 마음으로 필자는 초옥에서 틈틈이 글을 옮겨본다.

5장. 몽중夢中에서의 해후邂逅

　언젠가 난 꿈속에서 백발의 고인과 감미로운 대화를 한 적이 있었다. 그 꿈은 야릇하기만 했는데, 왜 토막의 기억을 지금도 잊을 수 없었는지….

　꿈에서 만난 소복의 노인은 마치 백세주 라벨과 같은 청수한 신간을 가졌고 그에게 뿜어 나오는 기운은 신선 그대로였다. 신선 같은 노인은 나에게 노방의 잡초와도 같은 풀 이름을 물었고 난 모른다고 말했는데, 그때 그 광경을 드라마틱하게 영상화해본다면 이렇다.

　몽중의 노인은 나에게 묻기를….

　"자네 이 풀이 혹 무엇인지 아는가…?"

　난 장난기 섞인 말로 "여하시如何是 풀입니까? 한데 풀이 다 풀이지 풀에도 이름이 있나요."라고 말하니….

몽중의 노인은 대뜸 나에게 할嘱하며 꾸짖어 말하기를…:

"풀이면 다 풀인가 네 눈엔 온 세상이 풀만 있고 영지靈芝는 보이지 않는가?"라고 말하는 것이 아닌가!

난 영문을 몰라 여쭈었다.

"이 세상 사람은 아닌 듯하온 데 실은 어디에서 오셨나요?"

"피차 알아서 득 될 것도, 해도 것도 없지만, 이다음 연이 닿으면 말하기로 하고 나의 약조를 어기면 안 되오.

난 비호를 타고 왔다오.

함구하고 절대 남에게 누설하면 아니 되오."

"명심하겠사옵니다."

"나를 만난 인연으로 이 산삼 두 뿌리를 줄 테니 가져가구려."

나는 다시 말꼬리를 이었다.

"한평생 얻기 힘들다는 산삼을 저에게 주시는 연유는 무엇인지요?"

이에 노인은 한참 동안을 허공을 응시하다가 목을 쓸어내리며 다음과 같이 말했다.

"젊은이! 백겁百劫의 인연이 닿아서 그런 것 아니겠소! 개의치 말고 가져가시오! 산삼을 복용하면 그대 몸이 한결 가벼워질 것이고, 젊은이의 정신은 점차 맑아져서 확철대오廓徹大悟의 경지에 이를 것이오…"

치렁치렁한 도포에 백발 무성한 덕 높은 고승과도 같은 청초한 멋을 간직한 몽중의 노인은 무정하게도 작별의 인사도 없이 헤밍

웨이 소설마냥 바람처럼 사라졌다.

난 단순한 꿈이지만 심상치 않은 꿈이라는 것을 감지했고 꿈속의 광경이 아쉬워서 재현해보려는 듯 둥그레 눈을 떠봤지만, 그 어디에서도 몽중의 광경을 재현할 수 없었다.

이쯤 되면 남가일몽南柯一夢이라 해도 좋으리만큼 꿈은 달콤했고.

'분명 신선의 계시가 있었던 것인가?'

라고 반문해보지만…. 어렴풋하게도 또 하나의 황홀한 광경도 있었는데 고등학교 국어책에서 배웠던 소설 구운몽 즉 팔선녀와 진탕 가무에 빠진 타락한 땡중 파계승의 환상 세계와도 같았다.

꿈속엔 놀이꾼, 즉 사당패와 같은 무리가 나에게 와서 재주를 뽐내었고, 어떤 이는 신통방통한 활인술을 가졌다면서 좌침하는 의술까지 전수한다고 해 나를 혼비백산하게 했다.

한동안 쭈그러져 가는 나의 민민한 뇌리에 산소를 불어넣어주어서, 이 같은 꿈속의 체험은 황홀했고 신기했으며, 신이 나기만 했다.

난 자리에서 일어나 강렬하게 쪼는 오아시스에서 목마름을 호소하듯 무의식적으로 물을 찾았고, 그 물은 원효대사가 들이켰던 꿀맛 같은 해골에 고인 물과 비견될 수 있을 정도의 청량음료였는데, 한발旱魃에 거북등처럼 나의 오장육부가 바싹 타들어갔던 것이었다. 그때 눈을 비비며 어슴푸레 잡았던 물 주전자는 대지를 적셔주는 단비처럼 감미로웠다.

단숨에 들이켰던 물은 벌꺽거리며 창자까지 적셔주었는지 서늘하게 이를 데 없었고, 꾸르럭꾸르럭 꿈틀꿈틀대는 물소리는 마치 급류가 여울목을 꺾어돌 듯 온몸 구석구석을 갈퀴질이라도 하듯 몸은 한결 가뿐했다.

달포가량 거나하게 들이켰던 오장에 낀 주독은 마침 짧은 트림으로 발산했고, 창자를 세척하듯 앞다투어 내리쏟는 더뎅이진 주독은 안채 곁의 해우소解憂所로 황급히 데려갔다.

해우소는 보호관찰소의 독방과도 같이 좁다랬지만 말 그대로 표현하자면 근심을 푸는 곳이었다.

이곳에서 수행승은 하염없는 사유를 통해 영원한 진리를 찾고자 했으며, 불도의 계를 지키겠다는 맹서를 했던 것이고 해묵은 근심을 떨쳐버리고자 했던 것이었다.

그때의 배설을 단순한 오물은 아니었고 해탈의 순간 과와도 같은 오롯함을 느낄 수 있었던 것이었고 오욕五慾의 악귀를 쫓아낸다고 여겼다.

이렇게 수행승들은 인도의 요가를 방불케 하는 극도의 근력운동을 병행했던 것이었고 하나의 악업을 몰아내는 수행의 과정으로 여겼던 것이었다.

황급했던 나는 혁대에 쪼인 버클을 급히 해체하고 맷방석만 한 변기에 걸터앉았다.

쌀쌀한 변기는 나의 허연 엉덩이를 꽉 조이게 했고 하초에서 시작되는 온기는 그만 차가운 변기에 굴복당하고 말았다.

인사불성 담벼락의 태양을 찾아 고개를 이리저리 갸우뚱거리는 해바라기처럼 수마의 덫에서 허우적거려야 했다.

유난히 그날은 차가운 변기지만, 변기 위에 살포시 덮인 속 갈피는 나의 풍성한 엉덩이를 살포시 감싸주었고 난 그 무엇과도 바꿀 수 없는 행복감에 젖었다.

그곳에서 피우는 담배 한 개비는 풀렸던 두 짝의 허연 엉덩이에 근력을 조였고 몽롱한 정신에 찬물을 끼얹은 듯 새로운 사유를 할 수 있었던 나만의 작은 공간이자 유일한 안식처였다.

난 한바탕 주독과 접전을 펼쳤고 주독은 나의 기합 소리에 요동치기 시작했다. 황하의 봇물 터지듯 꿈틀거리며 내리쏟아지는 쾌쾌한 악취는 달포가량 멍들었던 나의 심신을 쾌청하게 했고 나의 묵직한 아랫도리는 비데로 세정하고 난 후 드라이하듯 가뿐하기만 했다. 맷방석보다 더 안락한 변기에 걸터앉고서 난 어젯밤 꿈속을 그리며 담배 한 개비를 꼬나물었다.

야릇했던 그날의 몽중을 그리며 전날의 타임머신을 타야 했다.

난 히죽거리며 이런저런 생각에 잠겼고 어느새 파란 타일엔 창문 틈새로 고개를 내민 햇살과 회색빛 재가 서로 뒤엉키며 이리저리 날 부렸다.

난 해우소를 나와 다시 안방으로 향했다.

나의 욱신거리는 두개頭蓋는 다시 침구를 찾았고, 난 두꺼운 이불 속에 나의 몸을 숨겼다.

지울 수 없는 그날을 애써 끄집어냈다.

대관절 그 노인네는 나에게 어떤 존재이며 나와 숙연宿緣. 아니면 운명의 짓눌림, 아니면 진짜 도인 내지 신선…

몸을 뒤척이며 이런저런 상상을 동원했다.

난 확신했다.

'꿈속에서 만났던 백발 무성한 노인은 나의 구원자일 거야…. 아무렴 그분이 나를 속이기야 하겠어….'라며 나는 내심 기뻐했다.

그 노인은 노익장을 과시하며 나에게 화타나 인도의 지바타보다 아니 편작을 뛰어넘어 장중경과 히포크라테스도 우습다는 것이었다.

그 도인은 자신의 장기인 침에 관해 이런저런 이야기를 했는데 또렷한 기억은 없지만, 거기엔 단침短鍼, 장침長鍼, 버들침柳鍼, 편침片鍼, 휘어지는 유침柔鍼과 바위도 두 동강 나게 할 수 있다는 두꺼운 침이 있다고 침을 튀기며 자기 자랑을 늘어놓았다.

그러면서 인체에 [1]독충毒蟲을 넣는 자신만의 노하우가 있다며 자랑을 덧붙였다.

꼬리를 무는 도인의 말은 장편 대하소설과도 같았고 끝나지만 않을 그의 말은 차멀미를 하듯 역겹기도 했지만, 한편으로 나의 두 눈을 초롱초롱 빛나게 했고 두 귀를 쫑긋 세우게 했다.

이러쿵저러쿵 중얼거리는 도인의 말은 무심코 내뱉은 말은 아니다. 의술에 무지한 나에게 환희로 다가왔고 재기의 길을 걷게 해주었고 갱생이라는 기회를 주었던 것은 틀림없다.

믿어 보자라는 나의 구호는 저들 마구니들에게 대항할 대항력을

---

1) 여기서 말하는 독충이라는 것은 신의 세계를 체험한 자의 전문적인 치료의 방편을 가리키는 말로 세간에서 말하는 음해의 약, 즉 독극이 아니라는 것을 일러둔다.

갖추었고 저들을 박멸할 첨단의 무기를 소지했다는 자신감이었다.

난 그날 후로 동도지 하면서 덧붙여 강조하기를…. 현재 네 육신을 짓누르는 신병에 이 방법을 응용하면 즉효가 있다고 하면서 나를 유혹했다.

즉 여러 침을 진열해서 그에 걸맞은 침으로 대항하라고 말했는데 요컨대 어떤 부위가 가려울 때는 버들 침을 항문에, 마귀가 침투했을 때는 휘어지는 유침으로 저들과 맞서라는 것이었다.

이렇듯 몽중에서 해후는 말 그대로 어느 여름날의 뿌연 안개 피어오르는 새벽녘에 치렁치렁 머리를 풀어헤치고 맨발로 이곳저곳을 기웃거리는 어느 소복의 여인을 접견한 듯 아이로니컬하기만 했다.

그 주인공과의 만남은 다름 아닌 소복의 여인이 아니라 백발 무성한 노인이었던 것이고, 아마도 이런 전설 같은 이야기는 늘 나의 뇌리 저 한편에 깊숙이 자리 잡고 있으며 필자 역시 이런 신이하고 신비로운 한편의 파노라마처럼 펼쳐지는 뇌리의 필름을 억지로 지울 필요는 없을 것이다.

그때 난 다시 재생의 길을 걷고자 무언의 다짐을 했고 나 또한 헐벗고 고통받는 중생을 소생시키라는 메신저의 거룩한 가르침이라는 것을 몸소 경험한 허와 실이 교차한 그때였다고 기억된다.

난 다시 도인과 해후했고 그 도인은 의술의 각론이라 할 수 있는 임상을 해보자는 것이었다.

그때 도인은 나에게 자신의 침술을 선보였는데 그때 도인의 침을 다루는 의술은 용의庸醫 아니 명의名醫 아니 신의神醫의 경지에 도

달했는데 도인의 엄지와 집게 사이에 놓인 침은 민첩했고 날렵했으며 마치 뛰어난 디자이너가 옷을 봉제하듯 천의무봉天衣無縫의 미묘한 침 놀림을 선보였던 것이고 나는 그의 침술에 아연실색 경악을 감출 수 없어서 무안의 오마주를 보냈다.

매일 그에게 또 하나의 신통방통한 비법을 받았는데 그것은 다름 아닌 신병에 응용할 수 있는 목침이었다.

난 목검이라고 했는데 그 도인은 누구에게도 발설하지 않았다고 하면서 나에게만은 신비한 의술을 전수하겠다는 것이었다.

그것은 천기누설이었고 난 그 도인에게 신기한 의술을 물려받았는데…. 그것은 바로 동쪽으로 뻗은 가지를 구해다 길일吉日에 불경을 외우면서 칼을 제작한 것이다.

그때 길일의 주문은 아래와 다름없었다.

연거푸 염송했던 경은 유심론이었던 『대승신기론』이었고 이 책은 주로 퇴마退魔에 관련한 말이 대거 수록되어있는데 『대승신기론』은 『화엄경』에서 말하는 일체유심조一切唯心造. 즉 모든 일체의 현상과 번뇌는 내 마음에서 비롯되고 내 마음의 요동이 걷잡을 수 없는 정신적 공황을 불러일으킨다고 한다. 그 정신적 공황은 나의 마음 즉 동양학에서 마음이 곧 일신을 주재한다는 『황제내경』에서 '정기존내사기불간正氣存內邪氣不干'이라고 언급되었고 유학, 즉 성리학 또한 존양성찰存養省察이라고 했듯이, 내 마음을 주재하는 것으로, 곧 저 티끌 같은 마구니를 제어할 수 있다는 것이다.

총합하면 이 『대승신기론』은 마음의 영원한 자유 즉 21세기 인도의 철인 나자리스가 말한 것처럼 내면을 닦는 수양이 곧 억눌린 감정으로부터 자유를 만끽할 수 있다고 했던 것으로 이는 수행승들이 물을 기르고 땔나무를 켜는 운수반시運水搬柴의 고행과도 같고, 『주역』에서 '천행건군자는 자강불식天行健君子 自强不息'이라고 했던 것과 같다.

그랬다.

그 많은 고뇌와 격정, 괴로움을 넘어 이젠 비상의 나래를 펴고, 다시금 내일을 향해 기저귀를 펴고자 했고 당당히 활개 치며 세상 밖으로 나가리라 결의했다.

이는 저들 마구니들에게 나의, 고귀한 그것도 함무라비법전에서 말했듯 천부인권사상天賦人權 즉 누구에게도 구속받지 않는 삶을 살고 싶었다. 하물며 한 인간이 저들 티끌 같은 마구니들에게 나의 정신이 압도되어서야 되겠는가.

그렇게 나를 차츰 위로하며 생계를 위해 나의 본업인 운수업에 복귀해야 했다.

더 이상 지난 삶에 마모되고 싶지 않았던 것이었다.

하나 나의 다짐은 좀처럼 극복되지 않았고 될 수 있는 환경적 분위기가 조성되지 않았다.

그것은 어느 날 찾아든 대내외적 이중적 고난이었다.

영원히 곁에 두고 싶었던 두 여인이 있었는데, 한 사람은 나와 한 곳에서 삶을 함께하면서 그 못다 한 삶을 무덤 속으로 끌고 가자는 '요람에서 무덤'이라는 격언처럼 죽은 후에도 같은 구덩이에서 함께 영원을 지속하자는 해로동혈偕老同穴을 약속하며 북향재배北向再拜와 합근合巹의 예를 올렸던 애들 엄마였다.

또 한 분은 나의 유년 시절에 자애와 엄격으로 못난 나를 손수 길러주신 어머니 경주 김씨였다.

나의 마음은 흔들렸고 주체할 수 없는 나의 사고 저편에는 붉으락푸르락 마음의 기복이 일기 시작했는데, 그것은 잔잔한 호수에 파랑이 일렁이는 그때의 광경과도 흡사했다.

난 다시 어둠의 터널을 걸었던 것인데 마치 곤충이 동면하듯 오랜 휴면에 빠진 나의 육체와 정신은 피폐해져서 그때의 결심은 포말 즉 올록볼록한 거품은 한 움큼도 안 되는 보잘것없는 한 방울의 물에 지나지 않았다.

기실 개구리의 동면冬眠은 '복구자비필고伏久自飛必高'라고 해서 뒷발을 힘껏 내딛기 위해 아니 먼 곳을 향해 점프하기 위해 자신만의 면역을 키운다고 하지만 난 이와 정반대로 가고 있었다.

주야가 바뀐 생활은 환영幻影의 소굴로 인도했고 나의 나태는 온갖 번뇌를 일으켰으며 또다시 그때의 백발 무성한 노인이 나타났다.

도인은 대성일갈하며 덧붙였다.

"자리에서 일어나시오….

예전에 그대와 한 약속을 그대는 벌써 잊었단 말이요….

왜 그다지도 어렵게 사시오.

허참…! 딱한지고….

남은 생이 지금보다 곱절이나 더 될 터인데, 허구한 날 방구석만 헤매고 있으니 무슨 개운이 되겠소이까…!

노력 여하에 의해서 개조운명도 할 수 있는 법인 것을….

내 그대에게 분수처럼 침을 튀기고 목젖 붉혀가며 비방을 이야기해주었거늘 그대는 감사의 인사는커녕 다시 육신을 학대하니 나의 부덕이요, 내 그만큼 일렀거늘….

자 그럼 그대에게 다시 한 번 일러 줄 터이니, 내키지는 않지만, 그대와 무슨 악연인지 아니면 숙연인지 내 전생의 빚을 조금이나 덜고자 해서 그대와 조우했던 것을 그대는 모를 것이요.

내 다시 갱생의 길로 나아갈 광명의 한 줄기 빛을 줄 터이니 그대는 양손으로 받든지 아니면 귀로 받든지…. 곪아가는 데이트베이스에 입력을 하든지 요령껏 하시구려.

아무렴 어떻겠소이까마는….

그럼 내가 예전 그대에게 전수했던 침술은 깡그리 잊었단 말이요?"

난 나무 하나 없는 독산과도 같은 머리를 긁적이며 쑥스럽다는 듯 간신히 입을 열었다.

"난 어르신의 말을 한순간도 잊지 않았습니다.

어르신과 조우 후 난 시간여행을 떠났습니다. 그것도 나의 유년시절과 현재의 제 문제를 점검하게 되었지요.

그리고 몽중에서의 야릇한 대화는 나를 매료시켰고 난 그때의 그 순간을 잊을 수 없었고 그때의 광경을 재현하고자 밤을 지새웠던 때가 한두 번이 아니었는데 손가락을 폈다 굽혔다 해도 헤아릴 수 없을 정도였습니다.

그러하니 나를 다시 한 번 나무라주십시오."

노인은 말했다.

"그런 말 못 할 사연이 있었구려….

그럼 내 그리 알고 다시 전수하리다.

먼저 냉큼 세발을 하고 나의 곁으로 오구려…"

도인은 층층이 쌓아올린 나무판대기에 놓인 먼지 낀 경을 후후 하며 입김을 불어서 먼지를 떨어냈고 다시금 신주 모시듯 조심스럽게 가져와 보이며 자랑을 늘어놓았다.

"이 경이야말로 그대를 치유해 줄 것이며 필시 환골탈태해 줄 것을 의심하지 않소.

그러하니 명심하시구려.

자, 먼저 내가 선창을 할 터이니 들어보시오. 정구업 진언 수리 수리 마하수리…"

라고 읊조리는 염송은 광풍제월과 같이 해맑았다.

그의 신묘장구대다라니는 마치 마귀를 한 방망이로 후려치듯 장중했고 구슬펐는데…. 노인의 염은 상여 앞에서 해로가薤露歌를 읊조리며 "저승사자 냉큼 물러섰거라! 저승 마귀의 대부 옥황상제며, 염라대왕도 두렵지 않거늘, 나의 한 손엔 네 들을 옥죄는 요령이 들렸고 다른 한 손엔 명부전에서 하사받은 지장경이 있거늘 니네 들이 감히 나의 길을 막을 수는 없을 것이다."라고 호통치는 광경은 장엄하기만 했다.

　그랬다. 그때의 그 광경은 중국 당唐 때 방 거사龐居士가 노래했던 자작 시를 방불케 했다.

　"그대에게 고하노니 사자후를 토하라.

　뭇 짐승이 짹짹거리고 울부짖는 소리를 배우지 말라….

　만약 그대의 한 번 울부짖는 소리가 코끼리를 일으킬 수 있다면 그대는 봉황의 도를 이룰 것이다

　勸君獅子喉토하라 莫學夜干鳴하고 能香象起하면 感得鳳凰之道니라."

　난 예전 방 거사의 구절에 매료되었던 것처럼 지독한 바이러스에 감염되었던 것이고 매혹되었던 것이었다.

　난 급히 머리를 젖히고 긴 한숨을 내쉬었다.

　그것은 환희에서 우러나오는 벅찬 감격이었고 인간의 손이 닿기 전의 푸른 잎사귀에 맺힌 수정 같은 찬란한 이슬과도 같았다.

　그것은 신비의 약이었고 저승사자를 호령하며 요령을 흔드는 금강역사와 같은 위엄이 서려 있었다.

　난 그 백발 무성한 노인의 염송을 잊을 수 없었고 그 진언을 앵무새처럼 모방하고 싶었다.

　'관세음보살 보검수진언'은 나의 답답한 가슴을 뻥 뚫어주었고 '관세음보살 총섭천비수진언'은 메마른 나의 가슴을 적셔주는 때맞은 장대비였고, '관세음보살 바아라수진언'은 나의 삶에 활역소가 되었고 삶의 지침이 되었다.

그때 그 도인은 나의 요부를 두 손으로 당기며 볼을 쓰다듬으면서 말했는데 그때 그의 두 손은 성인이 세례를 하듯 불인된 나의 육신에 온기를 불어넣어주었던 것이고 그 온기는 마치 희망이라는 전율이었던 것이고 바깥세상을 바라보라는 메시지였다.

난 한동안 멍하니 바깥 풍경을 감상했고 그 풍경 속엔 인간세상을 다시금 보았던 것으로, 거기엔 갈등과 화해 그리고 그를 매개로 한 점술이 성행한다는 것을 목격했다.

점술은 과연 상업적인 것일까 아니면 인간의 길흉을 예측해서 재앙으로부터 그들을 미연에 방지해 줄 수 있다는 것일까라는 온갖 상념이 나의 뇌리를 감싸고 돌았던 것이었다. 난 서슴없이 다시 도인에게 물었다.

"무엇이 도이며 무엇이 진리이며 무엇이 참된 무속인의 길이며 앞으로의 나의 삶의 등대 아니, 지남이 되어주기를 간곡히 바라옵니다.

시원한 하답을 내려주시옵소서…."

도인은 헛기침을 연거푸 하며 목을 쓸어내렸다.

그가 말했다.

"진리란 먼 곳에 있지 않다오.

먼저 놓아버린 그대의 마음을 추슬러야 한다오. 그러기 위해서는 앞서 말했던 관세음보살 보검수진언을 입에 하근내가 날 정도로 암송을 하시오.

그런 다음 인생을 설계해보는 것이 어떻겠소."

난 동서불변의 철부지 아이처럼 도인에게 떼를 쓰기 시작했다.

"등짝까지 바싹 말라붙은 나의 정서로 캥캥하게 쾌지나 칭칭 노래하듯 진언만 외우고 있을 순 없사옵니다.

현재 노모는 이승과 저승을 넘나들고 있고 아내는 자기의 인생을 찾아 어디론가 떠났고 난 경제난에 시달리며 거듭되는 한파를 견뎌내고 있답니다.

말이 나온즉슨 사실 나도 어느 땐 확 죽고 싶은 마음은 불현듯 일어나기가 한두 번이 아니었고 그렇다고 죽는다는 것 또한 쉽지 않다는 것을 알았습니다.

이런 고뇌와 격정 그리고 자폐에 가까울 정도의 대인공포증에 여러 해 시달렸던 바로서 다시 남들처럼 떳떳한 삶을 살고 싶다는 열정이 솟구쳤답니다.

도사님, 난 박수의 길을 걸어야 할지 아니면 다시 예전의 나로 돌아갈 수 있을는지 아니면 현재의 고통을 뛰어넘을 수 있을는지 이런저런 고민으로 나는 진언으로부터 멀어져가고 있답니다."

도사는 말했다.

"허허…! 젊은이 인생은 다 그런 것이라오 공수래공수거 빈손으로 왔다가 빈손으로 간다는 말과 반야심경에서 색즉시공 공즉시색이라고 해서 무에서 유를 지향하고 유에서 무가 되는 것이 돌고 도는 인생이라오 그러니 그렇게 개의치 마시오.

내가 그대를 인도할 테니 한 번 더 용기를 내서 시도해 볼 테요?"

난 모기 소리를 내고 고개를 갸우뚱거리며 긍정의 추파를 보냈다.

도인은 잠시 몸을 일으키더니 다음과 같은 몸짓을 하는 것이었다.

치렁치렁한 팔 폭의 도포를 휘영청거리며 학이 날개를 펼치듯 유연한 몸놀림으로 나의 눈을 현혹게 했다.

학춤이 막 끝나자 도인은 방 한구석에서 고장을 끌어와서 아니리와 추임새를 넣어가며 구슬프게 한마당을 했는데 그 아니리는 나의 정신을 갈퀴질 하듯 너무나 애틋했고 애간장을 꺼릴 듯한 구슬픈 대사였다.

나의 두 눈엔 눈물이 고였고 눈물은 어느새 나의 두 무릎을 적셨다.

그랬다. 그 눈물은 참회의 눈물이었고 내가 재기하는 순간이었다.

도인은 또다시 나에게 다가와 나의 팔을 어루만졌다.

난 영문을 몰라 여쭈었다. "팔을 왜 어루만지시는지요?"라고 말이다.

그 팔은 이미 팔의 기능을 잃은 지 오래되었다.

난 태중 불구는 아니었다. 생계를 꾸려나가기 위해 운전을 배웠고 운전과실로 발생한 산업재해였다.

과연 백발의 도인은 범상치 않았다.

어떻게 나의 병든 팔을 알았을까?

난 잠에서 깨어 이리저리 거닐며 온갖 상념에 젖어들었다.

'어젯밤 그 꿈은 예사로운 꿈은 아닐 것이야….

그 도인에게 나의 인생을 맡겨보자. 살길을 강구해보자.' 라고 혼자 중얼거리며 용기 아닌 자신감을 얻었고 여태껏 못 느꼈던 나만의 희열을 맛보았다.

그때 난 그 도인의 말을 어기지도 그렇다고 꼬리도 물지도 않았다. 마냥 고개만 끄떡이며 반편스럽게 강행했다.

그 결과, 예전 같지 않게 나의 몸은 한결 가벼웠고 몽롱했던 정신은 아지랑이 속내를 보이듯 신선한 감각으로 사물을 대하게 되었고 대인공포증이라는 라벨도 벗길 수 있었다.

그리고 거실에 널브러진 술병자리에 전기청소기, 스토브, 포트가 질서정연하게 자리를 대신해주었다. 그 청소기는 나의 정신마저 빨아들일 듯한 기세로 나의 보금자리를 말쑥하게 해주었고, 포트는 술 대용으로 나에게 따뜻한 음료를 제공했으며, 스토브는 추운 겨울 한 철을 나게 해주었던 지우와 다름없는 세간들이었다.

난 차츰 정신을 회복할 수 있었고 지금도 그 도인과의 대화가 계속 이어지고 있다.

6장. 수마睡魔와의
싸움

혹자는 이르기를 상가. 즉 객귀가 빙의되어 발병되었다고 하는 이들이 있는가 하면 또 다른 주변 사람들은 죽은 조상의 영혼의 재현이라는 이런저런 설왕설래의 말을 지껄였으나, 난 일찍이 경험하지도 못한 터라 이들의 말을 외면하지는 못했다. 회생하기 위해 아니 정상적인 삶을 되찾으려는 방편으로 동도지를 꺾어 목검, 그리고 또 다른 여러 기물을 제작해서 나의 신체 곳곳을 미친 듯 타격했던 것이었다.

요즘은 잠도 잘 잔다. 마구니와 싸우는 사람들은 왜 시간에 집착할까? 내가 직접 당해보니 마구니들은 사람이 잠을 못 자게 한다.

그렇게 해야만 자기들 뜻대로 사람을 철저히 이용하기도 좋을 뿐만 아니라 일단 잠을 못 자면 판단 능력이 저하되고 모든 소리에 민감하게 반응하며 개개인의 성격을 변화함과 동시에 마음까지 변화하기 때문이다.

진언을 10시간 정도 한 후 몸과 마음은 마구니로부터 자유로움을 느낀다.

마구니들이 진언만 안 하면 자기들은 나간단다.

내가 느낀 바로는 마구니들은 그렇게 쉽게 나갈 귀신이 아니다.

육 년 동안 마구니와 어쩔 수 없이 동고동락했지만, 거짓말 아닌 게 하나도 없었다.

책을 쓰고 있는데 마구니들 하는 말이 걸작이다. 이 책이 세상에 나오면 마구니는 다 죽는다고 한다. 인간이 마귀와 거래를 하겠는가?

마구니와 싸울 땐 술이 치명적이다. 그들은 어떻게든 술을 먹게 한다. 살아온 모든 기억을 들추어낸다. 머리 반쪽을 마구니가 쓰니까.

바보 같은 자식이라고 스스로를 책망하면서 이제는 안 속겠지 하면서도 번번이 당하니 나 자신에게 무척이나 화가 난다. 육 년이나 당했으면서 대비는커녕 더 큰 나락으로 떨어지니 이럴 땐 마구니들 말마따나 내가 정신 이상이나 미쳐가고 있는가를 반문해본다, 나 자신을 책망하며 오늘도 글을 쓴다

디자인 특허 6개가 나왔다, 나머지 3개와 실용신안 1건은 특허청에서 심사 중이란 말을 변리사를 통해 들었다, 마구니들이 야단법석이다. 앞으로 어떻게 해야 할지도 모르겠고…. 종일 머리가 시끄

러우니 판단도 많이 흐려지고 깊은 생각을 거의 하지를 못하고 진언에만 매달리고 있는 현실이다.

어떤 마구니는 날 너무 많이 괴롭혀서 나가자는 말도 하고… 또 어떤 마구니는 얻어먹고 나가자고 하는 반면에, 어떤 마구니는 디자인 특허 9개 나올 때까지 기다리다가 크게 얻어먹고 나자고도 하고, 내가 죽기 일보 직전에 나간다는 마구니도 있다,

난 마구니들의 습성을 많이 안다. 현재까지 내가 마구니들과의 육 년 대화 속에서 너무도 괴로웠고 죽을 만큼 외로웠으며 서러워서 울었다. 또 내가 책을 집필하고 있으니 그 돈으로 크게 한판 얻어먹고 나가자는 마구니도 있다. 마구니들이 나의 몸과 더불어 더 큰 힘을 얻어서 자기들의 최종 목적을 이루는 게 내가 제일 두려워하는 일이다. 마구니의 목적을 알고부터 난 죽을 때까지 싸울 것을 맹세했으며 그렇게 할 것이다.

다른 사람은 잘 모르지만 마구니와 싸우는 사람은 잠자는 게 제일 중요한 선결 과제다.

일족 아재 덕분에 산조인을 알았고 틈틈이 마시고, 심지어 페트병에 넣고 다녔다.

비 오고 외로울 때면 소주 한잔이 제일인 줄 알 나이인데 오늘도 여느 때와 마찬가지로 혼자 마구니와 결전을 하고 있다. 마구니와의 결전은 언제쯤 끝이 날까?

그들 마구니들이 지껄이는 소리는 자연계에서 울부짖는 먹이를 찾아 쫓는 하이에나랄까 아니면 인간의 살육의 현장으로 몰아가

는 맹수猛獸의 주린 배에서 진동하는 소리에 가까웠다.

절대 포기하지 않는다는 마구니들의 경고는 나의 진언에 빛을 잃는다.

이제는 마구니 소리 만들어도 자다가도 벌떡 일어나 생각에 잠긴다.

얼마나 많은 사람이 마구니들과 싸웠을까?

내가 이렇게 잠을 많이 자본 게 얼마 만인지… 생각할 수도 잊을 수도 없다고 스스로 자책하며 오랜만에 집 안 구석구석 청소며, 밀린 빨래를 했다.

아침 일찍 일어나 병원과 시장에 들렀다. 마구니들 하는 말이 걸작이다. 내 눈에 보이는 건 다 먹는다고 하면서 모든 과일과 족발, 순대, 떡 등을 다 먹고 싶은데 내가 안 먹으니, 먹지도 못하고 눈만 아프단다.

난 마구니와 보는 것과 듣는 것을 같이한다. 하지만 난 마구니를 보지를 못한다. 이럴 땐 나 자신이 인간 마구니가 아닐까라고 생각해본다. 마구니들의 실체를 알 수 있을까. 아니면 죽으면 알게 될까?

난 두 가지 전쟁을 한다. 하나는 불면과의 전쟁이고 또 다른 하나는 마구니와의 전쟁이다. 불면은 많이 좋아졌다.

어떻게 될지 모르지만 마구니와의 전쟁에서 이기면 예전의 나로 돌아가겠지만….

마구니들 말을 빌자면 정신병원 아니면 폐인이 된단다.

그래서 죽을 각오로 진언을 한다

마구니야, 어찌 됐건 내 방식대로 산다. 육 년 가까이 같이 지내니 나도 요령이 생겼다.

마구니들은 방금 한 말을 하루에 여러 수천 번 한다.

아마 마구니들끼리 의사소통을 하고 서로의 위치를 확인하는 것 같다.

전과 같이 진언을 하고 오늘날까지 이어오고 있다. 마구니들은 다 죽는다고 난리다. 컴퓨터 앞에 앉아 글을 쓰는데 컴퓨터가 인터넷이 안 되어서 기사를 부르니 책 못 쓴다며 아우성이다.

아무리 귀신이라도 인간 세상을 알아도 너무 잘 아는 게 아닌가 생각한다.

뭐든지 있을 곳에 있어야 좋은 법인데… 그 죄를 어떻게 받을지….

컴퓨터를 고치고 나니 이제는 코드가 안 맞는다고 한다. 나의 귀를 빌어 자기들끼리 의사소통을 했는데 그게 잘 안되나 보다. 내 귀에도 목소리가 들렸다 안 들렸다 하니까.

진언의 힘일까? 아니면 마구니의 장난일까? 난 이런 생각을 했다. 그런 능력과 정력이 있으면 자기들은 왜 좋은 데 못 갈까. 아마 악의 소굴에서 헤어나지 못한 때문일까라고 반문해본다.

오늘 못 죽이면 우리 다 죽는다고 마구니가 이야기한다. 여태껏, 당하고 난 후 기록했지만, 지금은 바로바로 컴퓨터에 기록한다, 이젠 싸울 무기도 충분히 있고 진언 역시 계속되고….

마구니들의 거센 저항도 기가 한풀 꺾였고 불면에 시달리던 때와는 달리 잠 또한 충분히 자니까.

이제부터는 시간과의 싸움일까. 아니면 나의 기우에 그치는 걸까?

새벽 2시.

머릿속의 마구니들이 나에게 한 그림을 넣어서 눈을 뜬다

마구니들이 아무리 악한 귀신이라도 나의 반쪽 멘탈을 건드리지 못할 것이다. 나에겐 이성이 있는 인간이기 때문이다. 눈 뜬 즉시 누워서 삼귀의를 암송했다.

거룩한 부처님께 귀의합니다.

거룩한 가르침에 귀의합니다.

거룩한 스님들께 귀의합니다.

이어서, 나는 지금 너를 안다. 사바세계에서 불을 먹고 냄새를 맡는 귀신이다.

너는 사견을 좋아하여, 미래에 아름답게 살 삶의 씨앗을 망가뜨리지만 나는 지금 아름다운 삶을 가져, 너를 두려워하지 않는다라고 읊조렸다.

마구니는 무언 중에 친하거나 가까운 사람과의 거리를 멀게 한다. 일족인 집 앞 아재와의 거리도 멀어졌다. 불인당하고 술에 취했을 때 그래도 집에 찾아와 위로해준 유일한 아재다. 마음이 아프다. 세월이 약이겠지만 이럴 땐 마구니들이 눈에만 보이면 찢어 죽이고 싶다.

집에서 개를 키우고 있었는데 불인당하고 난 후 하도 짖길래 몽

둥이로 때려죽였다. 그런 후 방에 들어가 며칠을 당했다. 4~5년 전 일어난 일인데….

아재와 거리를 두게 한 걸 생각하면 지옥 끝까지 따라가 죽이고 싶다.

개는 그때 아들 녀석이 묻어 주었나 보다. 삽살개는 귀신을 본다는데…. 삽살개에 대해 인터넷에서 찾아보니 가격이 만만찮고 구할 수가 없어 포기했다.

아들 녀석이 흰 개 한 마리를 데리고 왔는데 며칠 못 가서 어디론가 가버렸다. 흰 개를 키우면 마구니는 집안을 나와, 집 바깥에 개가 있으니 쉽게 접근을 못 한다고 마구니들끼리 하는 말을 들었다.

마구니들은 움직이는 삼지창이나 동물, 본인 등 움직이는 사물을 극도로 꺼린다. 그런 맥락에서 철저히 혼자로 만든다. 그런 걸 생각하면 마구니는 나와 불구대천 원수다.

참고로 움직일 때는 금수독충이 활동을 못 한다. 그러나 머리를 심하게 어지럽게는 할 수 있는데 그때는 가만히 앉아서 동도지나 삼지창을 준두(코끝)에서부터 인당(눈썹과 눈썹 사이)을 지나 머리 위까지 얼굴에 바짝 붙여 세워라.

항상 한 뼘 길이 동도지, 삼지창, 엄개나무 칼을 휴대하고 다니면 마구니의 마수에서 벗어날 수 있다. 여러 종류가 있겠지만 세 가지는 필자가 직접 경험했다.

난 모자를 개조해서 내가 개발한 삼지창을 넣고 다니고 일을 했다. 집에 오자마자 동도지 몽침이(베게)를 베고 10분 정도 누웠다 생활했다. 마구니들이 불인당할 때 10분만 버티면 된다고 하는데, 그 의미는 지금도 이해하기 힘들다.

그렇게 대비를 해도 육 년간 당했다. 마구니의 집요함에 어느 한 순간에 무너졌다. 난 인간이기 때문에. 순간의 방심에 그렇게 당했다. 쇠를 담금질하듯이 당할 때마다 택시 해서 번 돈으로 온갖 방기를 제작했다.

아침저녁으로 부정 쑥을 태우고 시계를 보면서 진언을 한다.

마구니들은 자기들 전생이 보인다고 한다.

그런 능력이 있으면 극락을 가지 왜 사람 몸에 빌붙을까?

난 책에서 숙명통이란 걸 알았다.

숙명통이란. 자기뿐 아니라 모든 중생의 전생, 내생, 금생을 다 아는 지혜가 열린다고 나는 알고 있다. 그런 분들이 몇 분이나 계셨던 걸까?

진언은 잊은 채 깊은 시름에 잠긴다.

'난 혼자서 마구니와 싸우지만 다른 사람들은 어떻게 싸울까를 머릿속으로 내심 그려본다. 그 길라잡이가 없어 책을 쓰고 있고 매일매일 기록한다. 책이 잘 나와서 나와 같이 고통받는 이에게 이정표가 되었으면 하는 간절한 바람이다.

난 마구니의 모든 말을 들을 수 있으니까. 어리석은 생각일지 모르지만 보이기만 하면 저들은 내 손에서 죽는다. 저들 마구니의 목적을 분명히 기억하니까.

그리고 그에 따른 각오도 한다. 무슨 일이 닥쳐도 내가 가는 길을 마구니들은 막지 못할 것이다. 설사 목숨이 눈앞에 닥치는 한이 있어도 난 나의 길을 갈 것이다.

『대승 신기론』에서 공부할 때 마구니의 장애가 나온다고 한다.

때로는 어떤 중생은 마음의 좋은 뿌리가 없어 마구니나 외도나 귀신들의 모든 홀림을 받는다, 앉아 공부하는 가운데 두려움을 주는 모습으로 나타나거나 때로는 미남 미녀들의 모습으로 나타낼 때, 이들이 오직 마음일 뿐이라고 생각하면 이 경계는 곧 사라져 마침내 괴롭지가 않을 것이다.

모든 경계가 오직 자기 마음이 분별하여 만든다는 것을 생각한다면 자기 마음밖에 별다른 경계가 없는 것이다. 이 생각을 하면 나타난 경계는 곧 사라진다. 이것이 모든 마구니나 귀신을 모두 사라지게 하는 방법을 밝힌 것이다.

때로는 하늘의 모습이나 보살의 모습으로 나타나고 또한 여래의 모습을 만들어서 부처님의 상호를 다 갖춘다. 때로는 다라니를 말하고 또는 보시, 지계, 인욕, 정진, 선정 지혜를 말한다. 때로는 평등平等, 공空, 무상無相, 무원無願, 무친無親, 무인無因, 무과無果, 끝내는 비어 고요한 것이 참된 열반이라고 한다.

때로는 사람들이 과거 전생의 일을 알게 하고 또한 미래의 일도 알게 한다. 다른 사람의 마음을 아는 지혜를 얻고 변재가 막힘이 없고, 중생들의 세간의 명리에 집착하게 된다. 또 사람들을 자주 성내게 하거나 기쁘게 하여 그 성품이 오락가락하게 한다. 때로는 지나치게 애정이 많고, 잠이나 병이 많아 그 마음을 게으르게 한다.

때로는 갑자기 정진을 하다 뒤에 바로 멈추고 믿음이 없어 의심이나 쓸데없는 생각을 많게 한다. 때로는 갑자기 본디 뛰어난 수행을 버리고 다시 쓸데 없는 공부를 하게 하며, 세상일에 집착하여 온갖 일을 번거롭게 만든다. 또한 사람들에게 삼매 비슷한 것을 얻게 하지만 이들은 모두 외도들이 얻는 경계이므로 진짜 삼매가 아니다. 때로는 사람들로 하여금 하루나 이틀 사흘이나 이레를 선정 속에 머물게 하고 자연의 향기롭고 맛있는 음식을 얻게 하여, 몸과 마음이 상쾌하고 배고프거나 목이 마르지 않아 사람들이 그것을 좋아하게 한다. 때로는 먹는 것이 일정하지 않게 금방 많다가 적게 하여 사람들이 낯빛을 바꾸게 한다. 이런 이치이므로 수행하는 이들은 늘 지혜롭게 관찰하여 삿된 그물에 떨어지지 않게 해야 한다.

또한 『능엄경』에서는 수행할 때에 나타나는 마군의 정체와 판별방법 마군을 없애는 방법을 자세하게 일러준다. 마군은 특별하게 다른 게 아니다. 수행하지 않는 이에겐 그 삶 자체가 마군의 세계이므로 마군이 무엇인가를 모르지만 수행하고자 하는 발심을 내고 수행에 들어가면 그제야 마군의 존재를 보게 된다. 이 마군의 세계는 그 자체로 공한 것이지만 진정한 깨달음을 알지 못하는 한 엄연히 존재하면서 사람들을 미혹의 세계의 얽어맨다

(『한 권으로 읽는 팔만대장경』, 2007. 6. 10 도서출판 들녘).

언젠가 미몽사몽이었던가. 난 질식에 이를 정도로 술을 거나하게 마셨고 거나하게 마셨다는 것을 정겨운 벗들과 어울려 들이켰다고 연상될 수 있는 아름다운 음주라 여길 것이지만 난 그렇지 못했다. 저들 마구니들에게서 악매를 들이켰던 것이다. 이는 소크

라테스가 마지막 최후에서 스토파 부인에게 옆집에 빌려온 닭 값을 배상하고, 조용히 천장을 바라보면서 악법도 법이다라고 외쳤던 그 철인의 위트 섞인 일화를 방불케 하는데… 난 철인 소크라테스와 다름없는 독배와 다름없는 술을 온 힘을 다해 들이켰는데 그때 마셨던 술은 마셨다기보다는 종국엔 술이 술을 마셨다는 과장된 표현이 더 선명하리라 여겨진다.

실신에 이른 나는 육신과 마지막 숨을 내쉬었는데 이때의 장면은 충무공 이순신의 생즉사 사즉생生則死死則生이라고 해서 살고자 하면 죽고 죽고자 하면 산다는 삶과 죽음의 기로 즉 경각頃刻의 순간을 간신히 모면했고, 몸소 체험한 때였는데 돌이켜 보면 그때는 일생에서 악몽을 꾸는 듯 죽음이란 위기의 순간이 임박해지자 인간의 나약한 절구를 했고, 그 절규는 소생의 울부짖음이었다. 바야흐로 눈앞의 허공을 가로지르는 한 줄기 빛을 보았던 것이고, 그것은 광명이었고, 그때 난 다시 재생의 길을 걷고자 무언의 다짐을 했고 나 또한 헐벗고 고통받는 중생을 소생시키라는 메신저의 거룩한 가르침이란 것을 몸소 경험한 허와 실이 교차한 그때였다고 기억된다.

7장. 마구니 퇴치를 위한
출병식出兵式

　며칠 전부터 뭘 먹을 때 단전에 삼지창을 꼭 누르고 먹기 시작한다.

　마구니들이 굶어 죽는다고 아우성이다. 진언만 안 하면 나간다는 마구니가 있지만 죽이자는 마구니도 있다.

　어차피 죽음을 각오했으니 마음이 너그럽게 변한다.

　몇 년 전에 살고 싶어 마구니와 싸우면서 온갖 방기를 만들고 제작했을 때보다 마음이 편안하다.

　그런 게 삶에 대한 집착일까?

　살고자 하는 것을 깨닫는 그 시점에 내가 선택할 수 있는 것은 사실 아무것도 없는 것일까?

　모든 방기와 진언은 어느새 내 생활의 일부가 되었다.

　며칠간 집수리 겸 집 안 구석구석 청소와 페인트칠을 하면서도 진언을 외우는 것은 쉽지 않았고 나의 분신과도 같은 휴대용 삼지창을 주머니에 넣고 직접 제작한 모자에도 여러 가지 무기를 넣고 일을 했다.

육 년간 마구니와 싸우며 살기 위해 모든 것을 잊은 채 오로지 일과 경, 진언만 하고 살았다. 내 집은 말 그대로 짐승 우리로 변해있었다. 또 언제 불인을 당하고 일을 그만둘지 모르니 진언의 힘을 빌려 며칠 더 집안 안팎을 정리해서 귀신이 사는 집이 아닌 사람 사는 집으로 변모시킨 후 일을 나갈 생각이다.

육 년 동안 기록하고 마구니와 한 대화를 글로 쓰자니 마구니와 싸우는 거와 비슷하다.

마구니와의 대화를 글로 표현하는 게 이렇게 어려운 줄 알았더라면 기록을 하지나 말 것을…. 난 내가 잘못되면 우리 아이들이라도 날 이해해 달라고 유언 겸 기록을 했다.

마구니들은 절대 포기하지 않는다고 한다. 나 역시 목숨을 걸고 마구니와 대항하고 있고 나 역시 눈에 흙이 들어갈 때까지 진언을 멈추지 않을 것이다.

이제부터는 필자가 한 진언을 3일씩 묶어서 할 예정이다.

마구니들의 이야기를 듣고 있으니 어떤 마구니는 눈에 있는 마구니를 빼라고 하고 또 어떤 마구니는 귀에 붙은 마구니를 빼라고 아우성이다.

귀와 눈에서 마구니를 빼면 다른 곳의 마구니는 3일을 못 버틴다고 한다

과연 진언의 알 수 없는 힘은 실로 대단하다. 이제부터 내가 한 진언을 하나하나 3일씩 묶어서 하고 마구니에 대항할 것이다. 마구니들이 하는 말을 들어보면 인간 3일이 귀신 하루라고 한다.

육 년의 세월 동안 불인과 불면 그리고 소소한 나의 과거와 나의 의식 속에 있는 모든 것을 들추어내었고, 나의 비참한 일상까지도 들추어낸 죄가 얼마나 클까?

앞으로 어떻게 될지 모르지만 나도 마구니들의 능력을 시험도 해보고 동병인들에게 좋은 지침이 되었으면 하고, 또다시 나와 같이 마구니와의 유희적 장난, 가정파탄, 경제적 어려움을 겪지 않고, 마구니에게 더 이상 끌려다니며 몸과 마음에 아픈 상처를 입지 않고, 빠르게 대처하여 밝은 사회로 나아가길 희망하며, 이 글을 통해서 마구니와 결전을 하는 모든 이에게 희망과 용기를 주었으면 한다,

예전 T.V에서 귀신 보러 다니는 동아리를 본 적이 있다. 흉가나 여러 곳을 다니면서 귀신을 보러 다니는데 과연 그들이 귀신이란 존재를 보기나 한 것일까?

만약 귀신의 존재를 보거나 소리를 들으면 어떻게 대처할까 생각해본다.

종교의 힘으로 마구니에게 대항할 수 없다면 이 세상 고통의 늪에서 허우적대어야 하는 우리는 마귀에게 예속되고 마귀의 군림에서 벗어날 수 없다는 말인가!

옛말에 무심코 던진 돌에 개구리는 맞아 죽는다는 말이 있다. 어찌 보면 초등생 놀이같이 대화한 것과 불인당한 것을 생각하면 나약한 인간인 난 생과 사를 넘나들었다.

… 쉼없는 기도. 그 기도는 나와 같이 한 편의 뇌가 곪아가는 동병인을 위해, 아니 마구니들에게 유린踩躪당하는 삶으로부터 자유를 찾아주기 위해 홀로 걸어가는 의로운 공부였다고 서슴없이 말하고 싶다.

우리 선조들은 어떻게 귀신을 물리쳤을까.

여기서 구타법을 소개한다.

무라야마 지준의 『조선의 귀신』이라는 책에 따르면, 충북 제천 지방에서는 정신병 치료로 환자를 온돌방에 감금해 두고서 이틀 내지 사흘의 간격으로 경을 외우게 한 후 마지막엔 뽕나무 가지 내지 복숭아 가지로 병자를 사정없이 두들긴다고 전하는데, 아이로니컬하게도 현재 이런 치유법이 공인될까. 아니면 전통적 토테니즘 내지 무속신앙에서 배태된 것일까. 난 이런 방법을 수없이 시도해 보았지만, 어불성설, 아무런 효험도 보지도 못했을 뿐만 아니라 함부로 병자에게 신체에 타격을 가해서는 안 된다는 것을 이 글을 통해 말하고자 한다. 이는 단지 문헌상의 기록일 뿐 임상에서 활용되어서는 안 된다는 것을 거듭 강조하는 바이다.

이와 같은 치료법의 일환으로 황해도 지방에서도 정신병 치료로 복숭아 가지를 꺾어서 병자의 신체에 타격을 가한 후에 그 병자의 손과 발에 다수의 좌침을 한다고 했다.

이 또한 병자의 신체를 타격한다고 했는데 위에서 말한 것처럼 신중에 신중을 기해야 할 것이며 이런 방법은 용사하지 않아야 할 것이다.

이렇듯 정신병을 다스리는 데는 복숭아 가지를 꺾어서 화살을 만들어 무당에게 병자의 얼굴에 난사亂射하게 했다

지방색이라고 했던가. 김정호의 『대동여지도』나 실학자 다산 정약용의 『아방강역고』에 따르면 우리나라 전역을 종합해서 경계를 짓는다면 전역 중 산천이 1/7을 차지한다고 한다.

따라서 그 산천에서 산신제를 비롯해 듣지도 못한 온갖 주술행위가 성행했다는 기록이 고스란히 전해지고 있는데 일별하면 남도문화와 호서문화가 다르듯, 살풀이나 굿거리 또한 하나의 지방문화로 정착하게 되었다. 요컨대 전라도의 전주대사습놀이가 그 대표적 예라 할 수 있는데, 기실 무속은 종교의 아류였고 종교는 신화의 모태였으며 신화는 종교가 체계화된 것으로 단군신화를 그 하나의 모델로 설정할 수 있다.

이렇듯 무속은 그 지방의 문화로서 자리매김하게 되었는데 특히 정신 광란의 치료에 무속의 도움이 필요했던 것이었고 그만큼 의료의 선진화가 되지 못했다는 하나의 방증이라 할 것이다.

육 년이 훌쩍 지난 오늘 난 산에 올라 동쪽으로 활개를 치고 있는 앙물 찬 가지를 전정하고 내려오니 한결 마음도 가뿐했다.

동쪽으로 활개 치듯 쭉 뻗은 복숭아나무 가지를 일명 축약해서 동도지라 달리 표현했는데 이 동도지와 삼지창으로 아픈 부위를 통증 느낄 정도로 가격을 하면 몸이 한결 가벼웠다.

  문인 묵객들의 집 대문에 웅혼하게 쓴 넉 자의 글자 신도 울루….

  으레 한 해가 도래하는 입춘절이면 '입춘대길' 아니면 '건양다경'이라는 글귀가 등장하지만, 그 이면을 탐색하다 보면 이들 글은 대개가 풍류를 즐기는 묵객 내지 학문을 일생의 업으로 하는 선비군이 애호했던 반면.

  울루鬱壘. 울루는 모든 귀신들의 출입을 검열하는 대원본존 지장보살과 같은 역할로서 특히 구천에 이름 없이 떠도는 원귀 즉 무명씨의 원혼을 달래며 불쌍한 중생을 천도하지 못한다면 자신은 영원히 보살에 머물겠다고 대원을 세웠던 거룩한 지장.

▶신도   ▶울루

그 지장은 자신이 걸친 옷가지를 헐벗은 중생에게 내던질 정도로 성스러웠고, 온갖 악귀를 굴복시킨다는 역사여래力士如來와 맞먹을 정도로 준열했다.

그랬다. 지장은 자애로울 때 자애로써 중생을 제도했고 엄격할 때 준엄하게 질타를 아끼지 않았다. 그 질타는 자신의 방향을 잃고 인간세상을 괴롭히는 원귀를 말함일 것이다.

그 지장의 사연은 구구하지만, 우리가 상식이나마 명칭에 따르는 의미는 알아야 할 것이다.

실오라기 하나 걸치지 않고 자신이 밟고 있는 그 땅을 옷으로 대신했다는 희귀미문의 전설 같은 지장.

해서 감출 장藏, 땅 지地, 즉 지장이 되었다는 슬픈 사연을 이 글을 통해 밝힌다.

예로부터 전해오는 세시풍속에서는 귀신에 저항하거나 그들을 제압하는 또 하나의 방법을 제시했는데 다름 아닌 호랑이와 새끼에 걸친 고사이다.

얼마 전 호랑이는 88올림픽의 마스코트로 한국인의 정서 즉 한국인의 트레이드마크로 세계에 알려진 바 있다. 지구인들은 이를 호돌이라 해서 각종 문화재 관련된 상품으로 인기성황을 이루었고 부신符信으로 집안 한켠에 민화民畵를 소장한 집도 상당하다고 한다.

하나 이 호랑이는 본래 불학에서 신선이라고 한다는 것을 문헌을 통해 알았고 그 위에 턱 하니 버티고 서있는 백수白壽의 노인이 있어야만 제맛이다.

게다가 난 또 하나의 지식을 더 습득할 수 있었는데…. 호랑이는 백수의 왕 즉 밀림의 왕이라는 사자보다 더 강인하다는 것을 알았다.

이를 응용, 총합해서 선인들은 귀신 퇴치로 활용했다.

이와 관련된 해답은 아직 뚜렷하게 증명되지 않았지만, 예전 선인들은 잡귀 퇴치에 귀전우 활을 쏘아서 갈대 새끼줄로 묶어 호랑이에게 먹였다는 반신반의할 만한 문헌만을 통해 알 수 있을 뿐. 어디 예전의 경험담을 활용할 수 있겠는가!

▶귀전우 시궁

▶갈대 올가미

▶호랑이 그림

이에 또 다른 대처방법으로 선조들은 신도와 울루를 이용해 가내의 모든 재앙으로부터 평안을 수호하고자 했으며, 이는 일종의 정신적 지주 즉 가문의 평화와 가정의 건강, 즉 입춘절에 사대부 가내의 대문에 큼지막하게 먹으로 왼쪽에는 용, 그리고 오른쪽에는 호라고 붙였던 것인데 일종의 부적으로 우리 민족의 세시풍속 중 하나로 자리매김한 것이다.

그래서 난 이를 응용해서 동도지로 긴 칼을 만들었다.

▶동도지검

이런 일련의 작업 중에 부적에 가늠할 수 있는 동으로 치장된 금빛 찬연한 금강저를 구입했다.

불교설화에서 유래되었던 것으로, 수행승들이 불도에 온 정력을 기울이기 위해 늘 금강저를 휴대하였는데, 이를 통해 마음의 광명, 즉 티끌 같은 미세한 마장의 침투는 물론. 그 어떤 잡귀의 유혹으로부터도 자유자재한 구도의 길을 걸어갈 수 있었다고 여러 문헌에서 전하고 있다.

실로 금강저는 수행승뿐만 아니라 민간으로 확산되어 심신박약자가 활용한다면, 청심환 그 이상의 진정효과를 기대해 볼 수 있다.

그에 상응하는 나만의 진정효험을 체험했던 것으로 목검을 거론할 수 있는데 목검 제작 완성에 혼신의 힘을 기울였고, 그 정력은 아마도 도장刀匠이 기름진 손으로 매만지면서 날 끝을 세우듯 나 또한 미세한 사포로 수차례 문질러 목검의 결을 매만졌다. 그 목검은 무광의 래커로 덧칠한 듯 반닥반닥 윤광이 흘렀고 그 목검은 세상 무엇과도 바꿀 수 없는 나의 용천검 그 이상의 보배가 되었다. 나의 정신적 지주로 호신용이라기보다는 나의 정신을 온전하게 할 수 있는 검이었다.

난 난생처음 맛보는 무상의 법열, 그 법열은 환희였고 나의 정신이 한결 가벼워져서 용기가 생겼다.

플라시보 효과랄까? 방 가장자리에 곧추세워진 목검은 진검眞劍과 비교해도 아무 손색이 없었고 누가 엿보더라도 닭살 돋우리만큼 위엄이 서려 있었던 것이었다.

진광불휘眞光不輝 진짜 불은 빛을 발하지 않는다고 했던가.

나의 목검은 진검처럼 휘황찬란한 빛은 내지 않았지만, 질료에 내재한 신비한 힘은 온 전신을 발산했고 난 이와 동등한 목검을 더 제작했다. 거기에는 동쪽으로 난 복숭아나무 가지를 꺾어 만든 동도지 검이며, 삼계탕의 재료로 널리 활용되는 엄나무 가지로 제작한 검이며, 뽕나무 내지 구지뽕으로 제작한 검 따위며 귀전우 검. 탱자나무로 만든 검. 대추나무로 만든 검. 살구나무로 만든 검. 백일홍 나무로 빚은 검과 예전에 전해져오는 축귀용으로 널리 알려진 갈대올가미, 동도지 시궁矢弓, 귀전우 시궁으로 귀신들로부터 폐옥幣屋과 나의 온몸을 완벽하리만큼 한 치의 간극을 두지 않았다.

▶동도지 시궁

▶엄나무 검

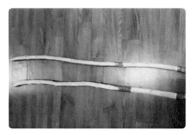

▶탱자나무 검

▶백일홍나무 검

▶엄나무에 새긴 부적

▶동도지 베개에 새긴 부적

▶ 엄나무 베개

▶ 귀전우 베개

▶ 귀전우 검

▶ 뽕나무 검과 구지 뽕나무 검

▶동도지와 엄나무 옷걸이

▶대추나무 검

▶각종 몽둥이

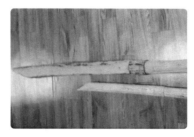

▶살구나무 검

게다가 저들 귀신들이 가장 두려워한다는 삼지창. 이 무기는 저 팔계의 삼지창보다 더 날 선 세 개의 칼날이 초승달 모양처럼 휘어졌는데 나의 순수 창작품으로 축귀逐鬼에 상당 효험을 보았던 것이었다.

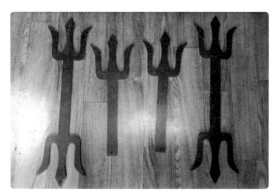

▶삼지창

이를 응용해서 세 종류의 모델을 창안했고 현재 특허청 디자인 등록에 등재되는 적지 않은 노력의 결과를 이루었다.

이들 무기는 특효였다.

… 무기를 갖추고 난 후 진득한 마구니들 또한 더 이상 맥을 추지 못했으니, 마치 물고기가 물을 잃은 듯 꼬리를 파닥거리지 못했고 자연 나의 뇌리를 갉아먹듯 귀찮게만 했던 그들 마구니들의 갈퀴질이 진정되는 효과를 거뒀고, 한동안 나의 심신은 안전을 기할 수 있었다.

그땐 그토록 나를 괴롭혔던 마구니들이 꾀병을 부리듯 꼬리를 내려 한동안 나의 두 귀에 들리던 굉음 대신 나의 독경을 담은 휴대폰에서 흘러나오는 진언은 여태껏 느껴보지 못한 청량한 울림이었고 걷잡을 수 없는 행복에 감사해야 했다.

그 행복은 나에게 소박한 것일 뿐 원대한 꿈은 아니었다.

누구도 형용할 수 없는 당시의 고통은 나의 일상의 일과에 두루 관여했으며 심지어 식사 때와 나의 긴요한 용무에도 벌거지나무에 진액을 흡입하듯 나의 뇌리를 사각사각 갉았다. 이런저런 궁리 끝에 다시 새로운 아이디어에 착안했는데, 시저匙箸 머리에 축귀할 수 있는 조그만 삼지창을 부착하기도 했고, 탁상시계며 벽걸이 시계 또한 초침을 나만의 퇴마퇴치로 활용할 수 있도록 했는데 이 또한 디자인 특허를 상정해놓은 상태다.

그리고 모자 안에 지퍼를 달아서 그 안에 부적, 소형삼지창, 소형금강저, 은장도같이 작은 동도지겸 등을 넣고 다녔다.

▶모자

생각사록.

이들 무기를 창안하기에 이르러 얼마나 가슴에 앙금이 갔으며 얼마나 긴 억색의 순간이었던 것인가.

손을 내밀 아내도 나의 어머니도… 없는 비루한 집안에서 왜소한 나의 절규 어린 몸짓은 지푸라기라도 잡고 싶었고, 두 손을 벌려 허우적거렸지만, 그 몸짓은 허공을 내저었을 뿐 주위는 암흑과도 같은 어둠만이 자욱했으니 어디 하나 구원의 손길을 찾지 못했다.

그때 추위마저 엄습했다. 추위와 마구니들이 착종된 그날 밤은 유독 나의 등줄기를 오싹하게 했고 난 살기 위해, 아니 저들 마구니와의 결투를 벌이기 위해 겨울 소나무 물먹은 듯 옹골차다 못해 강단이 생겼다. 그래서 그 혹독한 추위를 이겨내기 위해 전기 매트리스의 전원을 켰으며 그 위에 그들 마구니들이 주는 잔인한 고통을 이겨내기 위해 나뭇가지를 꺾어 촘촘하게 수놓았던 것이었다. 6년간 나뭇가지와 생활하니 몸에 사리가 박힐 지경이다.

나만의 본능적 강구책이었던가…! 난 이를 계기로 더한층 여러 축귀와 대항할 기기를 착상했고, 마침 상용하여 휴대하였던 것이었다.

이런저런 착상 끝에 제작된 그 많은 축귀용 기기는 한 방 가득하다. 이젠 손때 어린 동도지 칼이며 샘플의 삼지창 따위가 특허청의 등록을 기다리고 있는 상태다. 그 기기는 하루하루 신음으로 고통받는 환자에게 진통제가 아닌 치료제로 각광을 받을 것이라고 혼자 만면의 미소를 지으며 손님맞이 할 준비를 끝낸 나는 택시의 악셀레이터를 힘껏 내밟았다.

오늘은 왠지 몸도 마음도 한결 가벼워서 택시 손님과 이런저런 신변잡기를 서슴없이 내뱉을 수 있었고, 세상과 나와의 거리를 점차 좁혀갈 수 있다는 재확인의 날이었다.

어제의 내가 아니라는 것을 확언할 수 있었던 나는 마구니들이 옥죄여온 그 오랜 멍에를 차츰 내던져버릴 수 있었고 오물을 씻어내듯 악취로부터 온전한 정신을 되찾을 수 있었다. 그러자 나는 잠시도 나의 몸을 쉬게 하지 않았다.

집안 가득 널브러진 세간도 정리하자 오랜 시간 육체와의 고투에 신음하고 계신 어머니가 떠올랐고 그동안 무심하고 불효했던 나를 자책하며 곧장 병상에 누워계신 어머니 곁으로 달려갔다.

불인을 당할 때 금수독충이 몸에 들어오는 걸 방지하기 위해서 이불 위에 여러 가지 삼지창을 항상 깔고 잔다.

마구니들이 하는 말…:

'금수독충이 앞뒤로 들어오면 어떻게 방어하느냐.'라고 해서…:

그날 호되게 당하고 며칠 후 양쪽으로 엇갈릴 삼지창을 만들었다. 몇 달 후 오늘 저녁엔 사방에서 금수독충이 공격을 한단다. 난 있는 무기 가지고 싸웠다. 그리고 며칠을 철저히 당했다. 난 화가 머리끝까지 올라 택시로 돈을 버는 대로 4방향 삼지창과 8방위 삼지창을 만들고 마구니들에 대항했다. 그들과 맞서기 위해 처음엔

삼지창에 CD판을 붙여 대항하다가 나중에는 거울 삼지창을 만들었다.

마구니들이 하는 말….

거울과 시계를 무서워한단다….

난 거울에 부적을 그리고, 방 한켠에 세운 다음 낚싯줄을 이용해 흔들리는 삼지창이 보이도록 거울을 배치했다. 그리고 시계를 분해해서 시곗바늘에 삼지창과 태극을 그려 넣었다. 난 태극과 삼지창을 어느 여름날에 선몽을 받았다. 난 지금도 일 중간중간에 책자와 인터넷을 뒤적여 온갖 지식을 쌓으며 마구니와의 항전을 대비하고 있다. 물론 진언은 쉼 없이 계속 외운다.

난 밤마다 마구니들이 하는 연극 또는 영화를 매일 밤 머릿속 그림으로 본다. 어떨 땐 팔선녀가 옷을 벗고 하늘에서 내려와 나의 몸을 안마라도 하듯이 애무해 팔선녀와 며칠 밤 운우지정을 나눈 적도 있다. 마구니는 때로는 몸속에 뱀으로도 나왔다가 어떨 땐 보지도 못한 벌레로 나왔다가 온갖 형상으로 나타난다.

나의 몸을 도살장에 가축과 같이 나의 살점을 일일이 발라내어서 여기 붙였다 저기 붙였다를 반복하면서 자기들끼리 수군덕거린 적도 있다. 귀도 잘랐다 붙이고, 성기도 잘라 붙이고, 마지막에 피를 뺀다고 해서 엄청난 정신적 고통과 육체적 고통을 받았다.

필자가 마구니와 결탁을 안고 버틸 수 있었던 것은 세 아이들이 날 믿고 정신적, 물질적 도움을 주었기에 지금까지 버틸 수 있었다.

그리고 나에게 귀신(고마이)날도 가리킨다. 암고마이의 날이 음력 1

월 16일이고, 숫고마이의 날이 음력 1월 17일이란다. 세시풍속의 하나로 내용은 이렇다

  한국 세시 풍속사전을 보면, 귀신날의 유래에 대한 뚜렷한 근거는 없다. 다만 구전자료에 따른 유추 해석이 가능할 뿐이다. 그 하나는 정월 대보름날이면 이밥(쌀밥)을 해서 버리고 부럼도 버리기 때문에 이날 귀신이 많이 나온다고 여겨 생겼다고 보는 것이다. 다른 하나의 해석은 현실적인 해석으로 대보름날 밤새도록 동네를 돌아다니면서 술을 마시고 놀았기 때문에 다음날 머슴들이 일을 할 수 없으므로, 이날 일을 하면 귀신에 의한 병이 들어 주인댁에 손해를 끼친다는 핑계를 대어 하루 더 놀기 위해서 생긴 날로 보는 것이다. 이와 비슷한 예로 겨울철에 가장 힘든 일이 땔감용 나무를 해오는 일인데, 이날만은 귀신날이라는 핑계로 젊은이들이 나무를 하러 나가지 않고 놀아도 어른들이 나무라지 않았다고 한다. 따라서 보름날이 지난 16일부터는 본격적으로 일을 하기 시작하는데, 머슴들이 하루 더 놀기 위해서, 곧 일하기 싫어서 '머슴들이 만든 날'이라고 해석하기도 한다. 그 밖에 경남 고성에서는 시집살이하는 며느리들에게 하루 더 놀게 해주려고 만든 날이라고도 한다.

  『동국세시기東國歲時記』 정월正月 월내조月內條에 따르면, "16일은 시골 풍속에 대체로 활동하지 아니하고 나무로 만든 물건을 받아들이지 않아 기일忌日(꺼리는 날)로 여긴다. 이것도 경주의 유풍遺風을 답

습한 것이다."는 기록이 있다. 이 기록과 마찬가지로 구전자료에서도 이날은 귀신이 돌아다니는 날이므로 일을 하거나 남의 집에 가면 귀신이 붙어 몸이 아프거나 우환이 생긴다고 하여 아무 일도 하지 않고 쉰다고 한다. 그래서 이날은 외출을 삼가는 것은 물론, 농촌에서는 산에 나무하러 가지 않고, 어촌에서는 바다에 출어出漁를 하지 않는다. 특히 여자들이 바깥출입을 하면 치마꼬리(또는 머리 끝)에 귀신이 붙어 온다고 하여 외출을 삼가며, 또 이날 일을 하면 과부가 된다고하여 집안에서 쉰다.

낮에는 이처럼 금기를 지키면서 집안에서 조신하게 보내지만, 저녁 무렵이면 귀신의 범접을 막기 위한 적극적인 행위가 이루어진다. 귀신의 접근을 막는 방법에는 불에 의한 것과 놀이를 통한 주술적인 방법이 주로 행해진다.

먼저 불에 의한 방법에는 불로 태워서 냄새와 연기를 피우는 것과 나무가 타들어가는 소리로 귀신을 퇴치하는 방법이 있다. 저녁 해가 진 다음 대문간에서 고추씨·목화씨·삼씨·머리카락 등을 태워 귀신이 싫어하는 냄새를 피운다. 또 한 가지는 대나무를 태우거나 뽕나무 숯가루로 폭죽을 달걀꾸러미처럼 만들어 태운다. 이들을 귀신불 또는 귀신달굼불이라고 하는데, 귀신닭날이라든가 귀신달구는날 등의 명칭은 바로 귀신을 불로 달군다는 내용에서 비롯된 것으로 보인다. 고추씨나 목화씨, 머리카락 등은 태우는 냄새가 맵고 독하므로 이러한 독한 기운으로 귀신을 쫓아낼 수 있다는 믿음에서 비롯된 행위라 할 수 있다. 또한 대나무와 뽕나무 폭죽은 타면서 나는 소리가 크기 때문에 귀신이 놀라 도망간다고 생각한 것이다. 불에 의한 귀신 퇴치 방법은 냄새와 소리로 귀신의 접근을 막을 뿐만 아니라 불로써 귀신을 소멸시키는 이중성이 있기 때문에 귀신을 쫓는 기능이 배가된다고 할 수 있다.

　다음에 놀이를 통한 귀신 퇴치 방법으로는 널뛰기가 있다. 이 방법은 주로 중부·영서 지역에서 행해지는데, 널뛰기와 함께 윷놀이나 화투를 하기도 한다. 정월 열엿새날 저녁에 "귀신 대가리 깨뜨린다 (또는 깬다, 바순다, 부서버린다)."라고 하여 널을 뛰는데, 널빤지가 위로 올라갔다 내려오면서 땅에 닿을 때 '쾅' 또는 '탁' 하면서 나는 소리로 널 밑 속에 들어가 있는 귀신 대가리를 깨뜨려 소멸시킨다는 것이다. 윷놀이 또한 귀신을 퇴치하는 놀이로 여기는데 윷가락을 던지면서 나는 소리로 귀신을 부서뜨린다고 한다. 이러한 귀신 퇴치 방법은 모두 유감주술적類感呪術的인 믿음에서 비롯된 것이라고 할 수 있다. 저녁 무렵에 이와 같이 귀신의 범접을 막기 위한 의례적 행위를 한 후, 밤이 되면 자기 전에 신발을 감추어 둔다. 밤에는 귀신이 내려와서 신발을 신어 보는데, 제 발에 맞으면 신고 간다고 한다. 귀신이 신발을 신고 가면 신발 주인이 불길하거나 죽는다고 하여 신발을 감추거나 엎어놓고, 대문에는 체나 바구니를 걸어놓는다. 체는 구멍 수가 많아 귀신이 체구멍을 세고 또 세다가 닭이 울면 집안에 들어오지 못하고 그냥 돌아가기 때문에 사람에게 해코지를 할 수 없다는 발상에서 나온 것이다.

　이 내용은 조선 정조 때 유득공柳得恭이 지은 『경도잡지京都雜志』 원일조元日條에 기록되어 있어 그 시기가 설날인 점이 다르고, 또한 신발을 훔치는 귀신의 이름이 야광귀夜光鬼로 되어 있는데, 조사 자료에서는 막연히 귀신이라고 하거나 신발귀신·달귀귀신 또는 앙괭이·양괭이·야귀할멈 등으로 나타나고 있다.

|지역사례|

　세시풍속 관련 현지 조사자료에 의하면 귀신날은 전국적으로 정월 열엿새날로 삼는 지역이 많으나 14일, 15일로 나타나기도 하고, 또한 명칭은 보이지 않지만 풍속의 내용은 정월 초하룻날 나타나기도 한다. 충청도의 경우는 정월 16일을 귀신날로 여기는 지역도 있지만, 귀신을 쫓는 행위들은 주로 14, 15일에 행해지고 있다. 전라도의 경우는 귀신날이라는 명칭은 거의 보이지 않고, 정월 16일에 일하지 않는다는 내용만이 극히 일부 지방에서 나타나고 있다. 정초나 대보름에 이웃마을에서 훔쳐온 디딜방아를 거꾸로 세워 월경 묻은 여성의 속곳을 걸어놓고 잡귀·잡신을 퇴치하거나 전염병을 예방한다는 내용과, 정초에 잡귀 퇴치를 위해 엄나무를 대문이나 문지방 위에 건다는 조사 자료가 있는 정도이다. 한편 제주도의 경우는 조사된 자료가 없다.

　귀신날에 대한 명칭은 매우 다양하게 나타나는데 대부분 귀신을 달군다는 뜻을 가진 명칭이고, 특이한 것은 신일申日, 곧 원숭이날을 귀신날로 삼는 지역도 있다. 특히 경남 사천·고성 지역에서는 귀신날을 고마이날이라고 하는데 정월 16일을 암고마이날, 17일을 숫고마이날이라 하여 2일간 일을 하지 않는다. 강원도 태백 등지에서는 이날을 귀신이 머리 빗고 빨래하는 날이라 하고, 이날 머리를 빗으면 새삼(번식력이 강한 잡초)이 생긴다고 하여 꺼린다.

　귀신의 접근을 막기 위한 방법도 지역에 따라 다양하다. 강원도 춘천·화천 지역에서는 귀신 대가리 깬다 하여 방아를 찧기도 하고, 귀신 목자른다 또는 귀신 골통 판다고 하여 칼질을 많이 하고 나무를 베기도 한다. 또한 속초·원주·경북 칠곡 등지에서는 왼새끼를 꼬아 엄나무(혹은 탱자나무)를 대문이나 방문에 달아매기도 하는데, 이는 엄나무가 가시가 많기 때문에 귀신을 물리치는 효능이 있다고 믿기 때문이다. 경기도 김포·강원도 평창 지역에서는 밤에 귀신이 들어와 옷이 맞으면 옷도 입고 가기 때문에 신발과 함께 옷을 숨기기도 한다.

그리고 충북 음성·강원도 동해 지역에서는 체뿐만 아니라 키도 거꾸로 세워놓으며, 강원 태백·경북 김천·영주·의성 등지에서는 대문에 소나무 가지를 한 주먹 꺾어다가 거꾸로 세워놓기도 한다. 체 구멍이나 키의 줄, 솔가지 잎은 모두 그 수가 많기 때문에 귀신이 헤아리는 데 시간이 많이 걸려 날이 밝으면 돌아갈 수밖에 없다는 생각에서 고안된 장치들이다. 그리고 체에 바늘을 꽂아놓기도 한다.
경북에서는 이날 콩 볶기를 한다. 콩과 함께 잡곡을 볶아서 대문이나 집안에 던지기도 하는데, 귀신을 퇴치하는 콩의 주술적 기능을 이용한 방법이라고 할 수 있다.

한편 전북 부안에서는 뱃전에 고기가 기어올라도 그물을 치지 않는데, 고기가 어망을 뛰어넘으면 파도가 배를 덮친다는 속신이 있기 때문이다. 경기도 고양의 경우 정월 16일 새벽에 일찍 일어나서 밖에 나가 망을 보다가 까마귀나 독수리가 오면 쫓아버린다. 이는 까마귀나 독수리가 액운을 몰아온다고 믿기 때문이다. 또한 서낭할아버지·할머니에게 오곡밥과 나물을 대접해서 재난을 가져가 달라고 빌기도 한다.

　인간이 귀신 날 알아서 뭐하냐고 되물었다.
　무속에서 귀신이라 할 때 생물이 죽은 후 혼이 원한이 남아서 저승으로 가지 못하는 경우를 말한다. 그들이 이승에서 남겨진 고리를 모두 끊지 못해 승천하지 못하는 것인데 이것이 지속되면 그들의 성정이 맹목적이고 악하게 변질될 수 있기 때문이다. 그들이 이승에 남아 떠돌 때 계속 인간의 양기를 갈구하게 된다. 특정 부위의 양기를 흡수할 때 그 부위가 아프거나 결림, 무거움 등의 느낌을 받게 된다.

사람의 귀신이 한을 풀고 저승으로 갈 땐 하늘로 올라가지만, 동물은 땅으로 사라진다.

불교에서 아귀는 다음 생으로 태어날 힘을 가지지 못한 배고픈 귀신이라는 뜻이다.

사람이 죽으면 세 가지로 그 존재가 분열된다는 믿음이 있었다. 혼과 귀와 넋이 그것이다. 혼은 하늘로 올라가고 넋은 땅에 돌아가며 귀는 공중에 떠돈다. 이 귀가 일반적으로 신주로서 후손들로부터 모셔진다는 것이다. 이 요소들 중 귀와 넋은 인간과의 관계를 유지하는데, 제사를 받으면 귀와 넋은 만족하여 떠나간다. 넋은 묘지에서 3년 동안 제사를 받고, 귀는 사당에서 4대 제사 받는다. 충분한 제사 후 귀는 떠나가버려 자손과 관계를 갖지 않는다. 그러나 넋과 귀가 정당한 위안을 못 받는 경우는 응집되어 귀신이 되는 것이다.

8장. 진언眞言의
힘을 빌다

　어떨 땐 부처의 모습으로, 관세음보살의 모습으로, 약사여래의 모습으로, 옥황상제의 모습으로, 염라대왕의 모습으로, 그것도 안 되면 지옥부에서 왔다고 하면서 저승사자가 내려와서 나의 몸을 저승 줄로 두 번이나 묶어 놓고 금수독충이 나의 몸을 뜯어먹으면서 하는 말, 며칠 굶어 살이 없어 뜯어 먹을 게 없다고 했다.

　그날은 사월 초팔일 전날 밤. 밤새도록 불인을 당하고 부처가 왔단다. 그날 부처께, 아니 마구니에게 절을 수백 번 했다. 아침이 되자 자지 말고 기다리면 조계사에서 연락이 온단다. 지금 생각하면 잠을 안 재울 술책이었다. 나의 방에 관세음보살 그림이 있었다. 며칠 동안 잠을 못 자 비몽사몽 할 때 관세음보살이 왔다면서 며칠이 지났는지 모르고 경과 진언[2]을 외었다.

---

2) 진언眞言 : 음양가(陰陽家)나 술가(術家)가 술법(術法)을 행할 때 외는 글귀(-句)

하루는 축귀경을 며칠째 하고 며칠을 듣고 있으니 이번에는 약사여래가 내렸단다. 난 나의 귀를 의심했다. 축귀경이 마구니가 하는 음이 되어 알 수가 없는 소리가 나왔다. 자기와 나의 전생을 보여주었고 내 생 또한 보여주며 날 유혹하자 철저히 당했다.

마구니들은 지옥부 관련 말을 많이 한다. 내가 금수독충과 싸우고 잠을 잘 자면 다음날은 지옥부에서 또 다른 마구니를 데리고 왔으니 너는 오늘 죽는다고 한다. 지나고 보면 잠을 못 자고 정신이 혼미하거나 몸이 아프거나 이상이 있을 때 마구니들이 자기들이 했다고 주장한다. 그러면 사람이 긴장을 하고 잠을 자는 데 많은 방해를 받는다. 또한 마구니는 온갖 소리를 이용하고 소리가 들리면 이게 무슨 소리냐라고 하면서 자기들끼리 이야기한다. 자기들끼리 이야기해도 나에게 들리니 어떻게 할 수가 없으니 그냥 그러려니 한다. 처음에는 많이 놀라고 무서웠지만, 지금은 그런가 보다 한다. 실제로 자명종 소리나 문 닫는 소리 등 몇 개의 소리는 머릿속에서 똑같이 낸다.

24시간 나의 곁을 지키는 마구니의 입을 잠재울 순 없을까. 그 숙제를 안고 오늘도 진언을 외운다.

마구니들이 날 괴롭힌 이유를 난 정확히 알고 있다. 날 인간 마구니를 만들어서 용신들이 집에 오면 사주나 굿을 해서 돈 벌고, 지식이 쌓이면 자기들을 위해 차례대로 천도제를 해서 극락을 보내주라는 것이다. 필요하면 사주, 고장, 경, 그 외 천문과 지리까지도 가르쳐서 인간 마구니를 만들어서 돈을 벌게 한단다. 그래야만 마구니들 자신이 천도제를 통해서 천도를 하는 목적을 이룰 수 있으니까. 그것을 알고 있는 필자가 어떻게 마구니들과 거래를 하겠는가.

필자가 육 년 동안 마구니와 대화를 하면서 많은 걸 느꼈다. 세상에 마구니가 한둘이 아니며, 수행하는 사람 또한 한둘이 아닐 것이니, 어느 누군가는 저들 마구니와 거래와 결탁을 하고, 대중 속에서 생활하고 있다고 믿는다. 과연 그에 따른 해답은 무엇이며 그 해답의 실체는 무엇일까.

마구니들 말대로 이 싸움에서 지면 정신병원 아니면 폐인이 된다고 하지만 난 두렵지 않고 이 길을 갈 것이다.

어떤 이는 곧은 길을 갈 것이고 어떤 이는 먼 길을 돌아가는 이도 있을 것이며….

악의 구렁으로 내몰리게 할 것인지는 오로지 자기 자신만이 알 것이며 누구도 알지 못할 것이다. 순간의 부와 행복에서 영원히 자유로워질 수 없을 것이다.

되돌아보건대 나의 육신에 메스, 아닌 나의 의식을 흐리게 했던 마구니들을 요구는 디테일했고 집요했다. 저들은 마치 생태계의 먹이 사슬처럼 나의 정신, 즉 멘탈을 꽉 물었고 그 꽉 다문 입은 마치 어부지리에서 조개가 황새의 주둥이를 꽉 물어 열 수 없는 그때의 광경이었다. 도무지 열리지 않았고 열 수 있는 키도 없었다.

그 입을 열 수 있는 하나의 방안은 신의 아들이 되라는 청천벽력 같은 제의였고 그 터무니없는 제안을 선뜻 받아들일 수 없었다.

나약한 나의 두 어깨는 서러웠고 시리도록 나의 저 깊은 곳이 갉아 내렸다.

희비의 양단, 즉 기로에서 어떤 판단을 내릴 수 없었던 나는 영어囹圄의 몸이 되듯 판단이 무디어갔고 그들의 요구 쪽으로 기울기 시작했다.

그들의 요구는 천도제였고 그들의 요구를 흔쾌히 받아들인다면 나에게 최고의 명도로 만들어 준다고 했다. 거기에는 과거와 현재 그리고 미래를 현시하는 타임머신 그 이상의 신출귀묘神出鬼妙한 술수를 전수한다는 것인데 난 두 귀가 쫑긋거렸다.

그러나 난 거금巨金을 들여 그들의 요구를 충족시켜 줄 순 없었다. 현재 나에겐 그런 돈이 없을뿐더러 그럴 용기도 선뜻 나지 않았기 때문에 더더욱 미온적 태도를 보였던 게 사실이다.

난 홀로 걸어가리라 결심했고 지금 이 순간도 그렇게 하고 있다. 그들과의 타협은 있을 수 없다는 강경한 태도로 지금도 진언 수도 중에 있으며 이런 내면을 닦는 수도를 통해 나만의 비법을 창안했는데 바로 동도지와 삼지창 따위이고 이를 세상에 널리 홍보해서 동병인에게 바치고 싶은 심정이다.

이젠 더 이상 저들 마구니들의 유혹에 현혹되어서는 안 된다는 심정에서 부족하지만 졸고를 매만져 보았다

조상의 몸을 빌려 이 땅에 선 지 어언 오십여 성상 그리고 입으로 지은 죄와 헛소리로 지껄인 죄를 감수하며….
이름 없는 어느 초옥에서 조 거사가 적다.

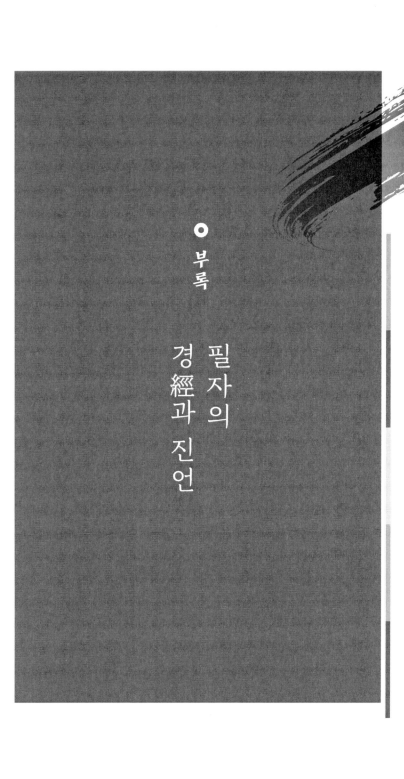

부록

필자의
경經과 진언

❖ 천수경

관세음보살이 부처에게 청하여 허락을 받고 설법한 경전이다. 본래 명칭은 『천수천안관자재보살광대원만무애대비심대다라니경』(千手千眼觀自在菩薩廣大圓滿無崖大悲心大陀羅尼經)으로 한량없는 손과 눈을 가지신 관세음보살이 넓고 크고 걸림 없는 대비심을 간직한 큰 다라니에 관한 말씀이라는 뜻이다. 『천수다라니』라고도 한다.

정구업 진언

수리수리 마하수리 수수리 사바하(세 번)

오방내외 안위제신 진언

나무 사만다 못다남 옴 도로도로 지미 사바하(세 번)

개경계

무상 심심미묘법　　　백천 만겁난조우

아금 문견득수지　　　원해 여래진실의

개법장 진언

옴 아라남 아라다(세번)

천수 천안 관자재 보살광대 원만

무애 대비심 대다라니 계청

계수관음대비주　　　원력홍심상호신

천비장엄보호지　　　천안광명변관조

진실어중선밀어　　　무위심내기비심

속령만족제희구　　　영사멸제제죄업

천룡중성동자호　　　백천삼매돈훈수

수지신시광명당　　　수지심시신통장

세척진로원제해　　　초증보리방편문

아금칭송서귀의　　　소원종심실원만

나무대비관세음　　　원아속지일체법

나무대비관세음　　　원아조득지혜안

나무대비관세음　　　원아속도일체중

나무대비관세음　　　원아조득선방편

나무대비관세음　　　원아속승반야선

나무대비관세음　　　원아조득월고해

나무대비관세음　　　원아속득계정도

나무대비관세음　　　원아조등원적산

나무대비관세음　　　원아속회무위사

나무대비관세음　　　원아조동법성신

아약향도산　　　　　도산자최절

아약향화탕　　　　　화탕자고갈

아약향지옥　　　　　지옥자소멸

아약향아귀　　　　　아귀자포만

아약향수라　　　　　악심자조복

아약향축생　　　　　자득대지혜

나무관세음보살	마하살
나무대세지보살	마하살
나무천수보살	마하살
나무여의륜보살	마하살
나무대륜보살	마하살
나무관자재보살	마하살
나무정취보살	마하살
나무만월보살	마하살
나무수월보살	마하살
나무군다리보살	마하살
나무십일면보살	마하살
나무제대보살	마하살

나무본사아미타불(세번)

신묘장구대다라니

나모라 다나 다라야야 나막알약 바로기제 새바라야 모지 사다
바야 마하사다바야 마하가로 니가야 옴 살바 바예수 다라나 가
라야 다사명 나막가리다바 이맘알야 바로기제 새바라 다바 니라
간타 나막하리나야 마발다 이사미 살발타 사다남 수반 아예염
살바보다남 바바말아 미수다감 다냐타 옴 아로계 아로가 마지로
가 지가란제 혜혜하례 마하모지 사다바 사마라사마라 하리나야
구로구로갈마 사다야사다야 도로도로 미연제 마하미연제 다라
다라 다린 나례새바라 자라자라 마라미마라 아마라 몰제 예혜혜
로계 새바라라아 미사미 나사야 나베 사미사미 나사야 모하자라

미사미 나사야 호로호로 마라호로 하례 바나마 나바 사라사라
시리시리 소로소로 못쟈못쟈 모다야 모다야 매다리야 니라간타
가마사 날사남 바라 하라 나야 마낙 사바하 신다야사바하 마하
신다야 사바하 신다유예 새바라야 사바하 니라간타야 사바하
바라하 목카 싱하목카야 사바하 바나마 하따야 사바하 자가라
욕다야 사바하 상카 섭나녜 모다나야 사바하 마하라 구타 다라
야 사바하 바마사간타이사 시체다 가릿나이나야 사바하 먀가라
잘마 이바 사나야 사바하

나모라 다나다라 야야 나막알야 바로기제 새바라야 사바하(세
번)

사방찬

일쇄동방결도량   이쇄남방득청량

삼쇄서방구정토   사쇄북방영안강

도량찬

도량청정무하예   삼보천룡강차지

아금지송묘진언   원사자비밀가호

참회계

아석소조제악업	개유무시탐진치
종신구의지소생	일체아금개참회
참제업장십이존불	

나무참제업장보승장불	보광왕화염조불
일체향화자재력왕불	백억항하사결정불
진위덕불	금강건강소복괴산불
보광월전묘음존왕불	환희장마니보적불
무진향승왕불	사자월불
환희장엄주왕불	제보당마니승광불

십악 참회

살생중죄	금일참회	투도중죄	금일참회
사음중죄	금일참회	망어중죄	금일참회
기어중죄	금일참회	양설중죄	금일참회
악구중죄	금일참회	탐애중죄	금일참회
진애중죄	금일참회	치암중죄	금일참회
백겁적집죄	일념돈탕진		
여화분고초	멸진무유여		

죄무자성종심기	심약멸시죄역망
죄망심멸양구공	시즉명위진참회

참회진언

옴 살바못자 모지 사다야 사바하(세번)

준제공덕취 적정심상송 일체제대난

무능침시인 천상급인간 수복여불등

우차여의주　　　정획무등등

나무 칠구지불모대준제보살(세 번)

정법계　　진언　　『옴람』(세 번)

호신진언 『옴치림』(세 번)

관세음보살본심미묘육자대명왕진언

『옴 마니 반메 훔』(세 번)

준제진언

나무 사다남 삼먁삼못다 구치남 다냐타

『옴 자례주례 준제 사바하 부림』(세 번)

아금지송대준제   즉발보리광대원

원아정혜속원명   원아공덕개성취

원아승복변장엄   원공중생성불도

여래십대발원문

원아영리삼악도   원아속단탐진치

원아상문불법승   원아근수계정혜

원아항수제불학   원아불퇴보리심

원아결정생안양   원아속견아미타

원아분신변진찰   원아광도제중생

발사홍서원

중생무변서원도   번뇌무진서원단

법문무량서원학   불도무상서원성

자성중생서원도   자성번뇌서원단

자성법문서원학   자성불도서원성

발원이귀명례삼보

나무상주시방불　　　　나무상주시방법

나무상주시방승(세 번)

❖ 불설부정경

모든 제례에 앞서 독송하며 부정을 소멸한다.

천상부정	지하부정	원가부정	근가부정
대문부정	중문부정	개견부정	우마부정
금석부정	수화부정	토목부정	인물부정
오방부정	사해부정	침구부정	칙거부정
조정부정	방청부정	연월일시	사부정
천상지하	부정소멸	원근가내	대중소
문부정소멸	개견우마	금석수화토목	인물부정소멸
오방사해	침구칙거	조정방청내외	부정소멸
연월일시	사부정소멸	정칠월인신이	팔월황천
삼구월천라	사시월지망	오지월수중	육납월십왕부정
개실소멸	동서남북	사해팔방	이십사방
부정개실소멸	태세새살	세파방	
부정개실소멸	산수생살	부정개실소멸	
종종부정	속거타방	만리지외	
옴 급급 여률령 사바하			

❖ 간귀신주, 간귀진언

귀신을 물리칠 때 외우는 경.

천상지하 간귀신	나라채질 간귀신
증조부모 간귀신	외증조부모 간귀신
부부소아 간귀신	형제소매 간귀신
삼사오육촌 간귀신	칠팔구십촌 간귀신
원리근리 간귀신	원족근족 간귀신
노비행사 간귀신	금신목신 간귀신
수신화신 간귀신	토신오행 간귀신
학질두통 간귀신	초학요통 간귀신
수족복통 간귀신	이목융통 간귀신
산사음질 간귀신	면질내종 간귀신
안질인후 간귀신	급사광사 간귀신
갑을생남녀 간귀신	병정생남녀 간귀신
무기생남녀 간귀신	경신생남녀 간귀신
임계생남녀 간귀신	천간지지 간귀신
마구천정 간귀신	염질낙상 간귀신
성조지신 간귀신	객사형장 간귀신

옥사무주 간귀신   고성고묘 간귀신

동서남북 간귀신   청룡백호 간귀신

주작현무 간귀신   구진등사 간귀신

산군해왕 간귀신   제일 진광대왕 간귀신

제이 초강대왕 간귀신   제삼 송제대왕 간귀신

제사 오관대왕 간귀신   제오 염라대왕 간귀신

제육 변성대왕 간귀신   제칠 태산대왕 간귀신

제팔 평등대왕 간귀신   제구 도시대왕 간귀신

제십 오도전륜대왕 간귀신 삼십팔장 이십팔숙 간귀신

년월일시 간귀신   천사만사 간귀신

팔만사천   사갈라대왕 간귀신

옴 급급 여률령 사바하

간귀진언

귀도라재	귀도라재	천생만민	필수기직
천위	야지위야	아귀일월묘지	성제타인
복뢰	차처금강신	진언	차갑장신
육갑구장	천원지방	사중위요	천하대피방
당아자사	피아자생	금일출행	좌청룡
우백호	남주작	북현무	제질병
금당대	옥당대	금대	천측월
측사측	사길만사	아금비상지검	아도비상지도
금귀취신	성제불제	천장표	

옴 급급 여률령 사바하

❖ 풍운축사

나쁜 사귀를 쫓는 경.

무중자 자연자표자 장천하나니 동방청제 영보이며

남방적제 문소이며 서방백제 현기이며 북방흑제

현동이며 동악산신 월상용 남악산신 단진영 서악산신 수일권 북

악산신 진소성 중악산신 호열수 동해신

아명 남해신축류 서해신거성 북해신용강

원형이정은 천도지상이요 인의예지는 인성지강이라 천지는 아

부모요 일월은 아형제 성진은 아봉우

소아녹대장군 오도비상 비금이요 비상비도라 천금을 이루직천

지가 진동하고 천금이 휘직사천 요동하고

천금으로 상위식 만원귀가 진멸하라

옴 급급 여률령 사바하

❖ 벽사경

(중앙 천장을 향하여 세 번 외운다)사귀를 물리친다.

천지대왕　　극락대왕　　소재대왕　　벽력대왕

백제대왕　　흑제대왕　　황제대왕　　수극대왕

옥황님　　　선불대왕

민선에 있는 영풍대왕

민간에 있는 선지대왕

세상에 오풍 곤륜대왕 잡귀는 물러가라

옴 급급 여율령(세 번)

❖ 불경주

귀신 모조리 몰아내는 경.

천지광명 정지대로 기도로 품수의 인직

하수가 정기기제하 삼강오상 지리와 진실무망

기도로 표아성분지네에 언어동정이 탁비정식

언음사귀 간귀간제리요 동해신아명 남해신축유

서해신거성 북해신용강도 네조아커든

요마사귀아 언감생신 일이요 아수지자는

관운장 청룡은 원원도리 강태공의 육도삼약야라 좌청룡 우백호
는 좌우로 옹위하고 남주작 북현무는 전후에 삼열하야 전미장
군은 발굽이 당천하고 홈면역사 하극이 축우하니 요망사귀 약불
진퇴직 피금착금으로 창검가단계요

투저강중직 염불출세 하나니요 개천이 극지직 사불범정하고 차
경학성지가 요불성덕 하리라.

❖ 축귀경

모든 잡귀를 물리친다.

나무동방삼지축귀신   나무남방삼지축귀신

나무서방삼지축귀신   나무북방삼지축귀신

나무중앙삼지축귀신   나무오방삼지축귀신

나무제석궁삼지축귀신   나무태세궁삼지축귀신

나무동방청제용왕축귀신   나무남방적제용왕축귀신

나무서방백제용왕축귀신   나무북방흑제용왕축귀신

나무중앙황제용왕축귀신   나무금신목신축귀신

나무수신화신축귀신   나무토신축귀신

나무삼천지귀신   나무지삼지축귀신

나무부지명위축귀신

옴 급급 여률령 사바하

❖ 옥추경

옥추경은 우리나라 도교 최고의 경전으로 옥추보경 이라고도 한다.
원래 이름은 구천응원뇌성보화천존옥추보경이다.
옥추경은 '귀신을 녹이는 경', 즉 '삭사'로 알려져있다.
옥추경에 대한 역사적 실체는 몇 가지 있는데 그 내용은 다음과
같다.

❶ [구천응원]뇌성보화천존의 실체

❷ 수련서와 권선서로서의 옥추경

❸ 방술서로서의 옥추경

❹ 치병 무경으로서의 옥추경

❺ '귀신을 녹이는 경', 즉 '삭사'의 경전으로서의 옥추경

'옥'은 하늘과 땅, 해와 달의 정화이며 음과 양, 물과 불의 빼어난
결합으로 윤택하면서도 온화하고 보배로우면서도 귀중한 것은
이 때문이다.

'윤택', '온화', '보배로움', '귀중함' 따위를 모두 갖출 수 있으며 몇
만 년이 흘러도 결코 훼손되거나 소멸될 것이 아닌 것이다.

'추'는 사람을 죽이고 살리는 시유를 밝히는 출발점이자 기틀과

굴대이다.

'보'는 진귀하고 중요한 것이다.

'경'은 진선과 대도를 닦는 지름길인 것이다.

◈ 구천응원희성보

뢰자장 화천존 제일

이시구천 응원뢰성

재옥천정장 제이

보화천존 재옥청천중 여시방제천제군 회어옥허구광지천 울소미 라지관 자극곡밀지방 열태유 벽요지급 고동미명신지서 교두접이 세의충현 제다배신 좌우축척 절후월 용기난로 표요태공 병집우 옥 범칠보층대

뢰사계백장 제삼

시유 뢰사호응 어선중중 월반이출 면천조전 부신작례 발변장궤 상백천존언 천존대자 천존대성 위군생부 위만영사 금자제천 함 차양적 적견천존 열보급 고경서 어중비색 불가루게 유유옥소 일 부 소통삼십육천 내원중사 동서화대 현관묘각 사부육원 급제유 사 각분조구 소이총오뢰 천림삼계자야 천존 지황친지서정 차등 소조 이하인역 득이추복 원고욕문

선훈숙세장 제사

천존언 뢰사호응 이등선경 저훈숙제 루행작행 고득옥부등용 경 궁간록 금자훈행 시숙작다 이기실력 뢰사위심화부 일부일 세부 세 훈순행저 성제신용 극중고진 즉계묘도 유시 뢰부귀신 주로석 역 동유추초 대즉고류 설운조설 무유이시 격룡명아 차식피차 피 소인고 이기이언 뢰사호응급 저천저선 용이이묵 천존 소수구봉 단아의 수거금광 명지여의 랑풍청미기운 옥녀천존 적연양구

심봉차도장 제오

천존언 오석오천 오백겁이선 심봉차도 수위상진 의양차공 수권 대화 상어대라 원시천존전 일청정심 발광대원 원어미래세 일체 중생 청룡귀신 일칭오명 실사초환 여소부자 오당이신 신지이동

세심위인선설

지도심요장 제육

천존언 이저천인 욕문지도 지도심요 부재기타 이기욕문 무문자
시 무문무견 즉시진도 문견역민 유이이이 상이비유 하황우도 불
문이문 하도가담

도이성입장 제칠

천존언 도자 이성이입 이묵이수 이유이용 용성사우 용묵사늘
용유사졸 부여시즉 가여망형 가여망아 가여망망 입도자지지 수
도지근 용도자지미 능지미즉 혜광생 능지근즉 성지전 능지지즉
태정안 태정안즉성지전 성지전즉 혜광생 혜광생즉 여도위일 시
명진망 유기망이불망 망무가망 무가망자 즉시지도 도재천지 천
지불지 유정무정 유일무이

연묘보장 제팔

천존언 오금어세 하이리생 위제천인 연차묘보 득오지자 비제선
조 학도지자 신유기수 부 풍토부동 즉 품수자이 고위지기 지우
부동 즉 청탁자이 고위지수 수계호명 기계호천 기수소유 천명소

곡 약득진도 우가이지 탁가이청 유명비지 무혼혼 탁명명 역품토
품 수지이지 천지신기기 사인불지 즉왈자연 사지기불지 즉역왈
자연 자연지묘 수묘어지 이소이묘 즉자호불지 연오도 즉지미시
유시 우지탁지 제천문이 사중함열

설보경장 제구

천존언 오금소설 즉시옥추보경 약미래세 유제중생 득문오명 단
명심묵상 작시염언 구천응원 뇌성보화천존 혹일성 혹오칠성 혹
천백성 오즉화형시방 운심삼계 사청명자 함득여의 시방삼계 제
천제지 일월성신 산천초목 비주준동 약유지무지 천룡귀신 문제
중생 일칭오명 여유불순자 곡수고심 화위미진

◈ 옥추보경지집

학도희선장 제일

천존언 오시구천 정명대성 매월초류 급순중순일 감관만천 부유삼계 약혹유인 욕학도 욕희선 욕관구현 욕석삼재 답명정일도사 혹자동친 우어루관 어가정 어리사 작수권화 과송차경 혹일과 혹삼오과 내지수십백과 즉득 신청기상 심광체반 범소희구 실응기삼

수구령장 제이

천존언 신중구령 하불소지 일왈천생 이왈무영 삼왈현주 사왈정중 오왈단열 유왈회회 칠왈단원 팔왈태현 구왈영동 소지즉길 신중삼정 하불호지 일왈태광 이왈상령 삼왈유정 호직경 오십번만 육맥창양 사지실령 백절고급 선송차경

오행구요장 제삼

천존언 약혹유인 오행기건 구료금기 연봉형충 운치극전 고신과숙 양인검봉 겁살망신 귀문구문 녹조파패 마락공망 동용흉위 행장감남 즉송차경 상천천관 해천액 지관해지액 수관해수액 오제해 오방액사성 해사시액 남신 해본명액 북두해일체액

침아고질장 제사

천존언 참아복침 고질압신 적시불요 구의망효 오신무주 사대불
수 혹시오제 삼관지전 태산오도지전 일월성신지전 산림초목지전
영단고덕지전 성황사묘지전 이향정조지전 사관탐루지전 혹 지부
삼십육옥 명관칠십이사 유저원왕 치차견전 혹맹저주 서지초초 혹
책타부 상지소치 삼세결혼 루겁홍구 날고기우 고기집대 개당수사
즉송차경

관부장 제오

천존언 천관부 지관부 년월일시 각유관부 방우향배 각유관부
대즉관부 소즉구설 시유적백 구설지신 이주지범제 동작홍거 출
입기거 불지피기 여우관부 구설즉 사인격괄 효야전초 다초순문
면시배기 동치구아 맹신저불 시우방독 종후후지 유시옥송 생언
형언 존 언약욕탈지 즉송차경 수득구설 전소 관부영식

토황장 제육

천존언 토황구루기사 천이백신 토후토백 토공토모 토자토손 토
가권속 약태세 약장군 약학신 약태백 약구량 약검봉 약자웅 약
금신 약화혈 약신황 약당명 약삼살 약칠살 약황번표미 약비렴도
첨 여시등 토가신살 약인홍수복축 일흑범지 즉치병환 이흘상망
자송차경즉 만신개기 천무기 지무기 음양무기 백무금기

혼합장 제칠

천존언 세인부부 기어혼합 혹범함지 혹범천구 삼형육해 격각교
가 고음과양 천라지망 간어사식 다시고독 약욕구남 즉송차경 당
유구천 감생대신 초신섭풍 수생현자 어기생산지시 태을재문 사
명재정 혹유원건 혹유금기 혹유흉액 치령난산 독송차경 즉득구
천 위방성모 묵여포송 고능 임분유경 좌초무우 범유영해 재어강
보 위전단신 왕자화일 십오종귀 가제뇌해 인다경한 의송차경

오서장 제팔

천존언 약인거지 오서성요 사충가열 포박척와 경계롱구 요구제
사 이지영협몽핍 급어간도이갑 거기소거 이위소혈 수사생인피혹
정호불청 야소어량 주감기실 우마견가 역조온역 화련골육 재급자
생 음사요사 당비신간 조객빙잉 상거첩출 약송차경 즉사귀정멸상

인물함녕

벌묘견숭장 제구

천존왈 구천뢰공장군 오방뢰공장군 팔만운뢰장군 오방만뢰사자
뢰부총병신장 막잠판관 발호시령 질여풍화 유모가별 유단가격 유
요가제 유승가견 계세말법 다제무격 사범유행 음사염도 시고상청
내유천 연금 귀록간지정 제유속요 고사지방 능송차경 기응여향

고로채장 제십

천존언 천온지온 이십오온 천고지고 이십사고 천채지채 삼십육
채 능송차경 즉사온황 청정고독소제 노채평복 역유기유 혹자선
망부련 혹자복시고기 혹자청송묘주 혹자사혼염아 혹자시기감초
범차귀신 혹비사 혹애한 견련집중 병연주사 승극사간 내득기편
고창경자 상통삼천 하철구천 가이추천혼상 초도조현 태상견소
거 백마대장군 이감지

원행장 제십일

천존언 약혹유인 치장원행 적도빙간 오병가해 육행즉 호랑소 마기아 수행즉 교룡원타 장기이 혹탄뢰유 유황지혼 혹풍도 유겁수 지회 전망후화 착생대사 능어차경 귀명투성 고득 수륙평강 행장 협길

향향우택장 제십이

천존언 항양위학 우택건기 계상차경 응시감주 적음위려 우수칩음 계상차경 응시랑제 축융선화 비화민거 적서유성 경설려서 차경가 이양지 해약설경 어별망행 홍수도천 민생점익 차경 가이지지

면제횡장 제십삼

천존언 세인 욕면삼제 구횡지액 즉어정야 계수북신 북신지상 상유삼태 기성병전 형어쌍목 첩위삼급 이복두괴 시명천계 약인견지 생전무형 수지우 신후불윤 몰지고 두중부유 존제이섬 대여거륜 약인견지 유형주세 장생신선 귀명차경 투심북극 즉유명감 두위천추 중유천강 재내즉위 렴정재외 즉위파군 뇌성십이 문병수천 강지수지 강성지축 기신재미 소지자갈 소재자흥 의위개연 수가천세

오뢰참감장 제십사

천존언 세쇠도미 인무덕행 불충군왕 불효부모 불경사장 불우형제 불성부부 불의붕우 불외천지 불구신명 불례삼광 불중오곡 신삼구사 대칭소두 살생해명 인백기천 간사사음 요무반역 종미지서 삼관고필 태을이문 즉부오뢰 참감지사 선참기신 후감기형 참신주혼 사지전도 인소비천 인소겸해 인소원악 이치감형 진시사지 붕열구기 권수역기 구거월회 순교부유 고략일문 차경기죄 즉멸약혹 유인위로 소신기시 불거수화 불수즉칭 구천응원 뇌성보화천존 작시염언 만신계수 함청오명

보경공덕장 제십오

천존언 차경공덕 불가사위 왕석겁중 신소옥청 진왕장생 대제소회 선설지사 수경개당 전금지폐 맹천이전 뢰사호응 장궤배홍 중백천존 언시경제처 당령토지사명 수소수호 뢰부안림 이시계심 약인가 유차경 지지성안봉 즉득상연 만정경운음헌 화란불맹 길복래취 우기망몰 불경지옥 소이자하 사즉왕생 생기전도 용천존력 유차령통 출입기거 패대차경 중인소흠 귀신소외우제험란 일심칭명 구천응원뇌성 보화천존 심득해탈

보계장 제십육

어시 뢰사호응 대천존전 이설계왈 무상옥청왕 통천삼십육 구천보화군 화형시방계 피발기기린 적각석층빙 수파구천기 소풍편뢰정 능히지혜력 섭복제마정 제도장야혼 이익어중생 어피은하수 천안천월윤 서에미래세 영창천존교 시뢰사호응 설시계이

◈ 보응장

보응장 상

천존언 차경전세인 미지 오금소치 구천뢰원부 부유구천 뢰문사
자 이 규록전자 럼방전자 좌지 부유사사 일왈락잉사 이왈적제자
삼왈유왕사 사왈보응사 각유대부 이장기사 오지소리 경사사상 함
찬원하

보응장 하

천존언 설시경필 옴범칠보층대 천화빈분 경향요요 시방제천 제
군 함칭선재 천룡귀신 뢰부관중 삼계만령 개대환희 신수봉행

◆ 신장퇴문

수화상탕분건곤	대우조정렬만상	팔역시방각유계
영정신동왈천지	대도일혜지만엽	이기수경합왕복
성공혁조편제토	오행종령양만물	사생륙도설음약
형유지우렁귀신	업계균생침륜회	마양음도간작얼
적입보장매천리	오형산란변만신	리매망양희무변
뇌성일지옥추부	자미진령입삼매	사십팔장강마검
타파곤륜포장정	오방신장열기번	흉예소탕일월청
산신토지문송경	시위오신제만겁	철요구원혼백안
청룡백호불아방	천관률령막감위	음사요얼수철위

삼계마왕속수장　　오악귀졸화미신　　파순살귀귀성역
지중음괴각정로　　삼십률천뢰률령　　칠십이지신위력
시방허공은미진　　군생안락영태평　　서라일월호건곤
삼십륙궁도춘광　　유정무정환선악　　척거망념환본제
보화천존섭호령　　진토찰라류리계　　군성만령증상천
사십팔장종부도　　산왕호산신수가　　오도팔방신안녕
청룡지신환동방　　백호지신귀서방　　주작지신정남방
현무지신치북방　　구진등사음양신방　보우중앙호인도
양신상승음신하　　주신야신귀일월　　리환명당신상녕
요화오장신수정　　동신정신준법도　　각솔신병안방위
구천응원　　　　　뇌성보화　　　　　천존률령

❖ 옥갑경

악귀를 제거, 박멸하는 경.

옥갑경 1편

우 구천 응원뢰성 보화천존

즉시 옥갑신경 약인중생 교화지도 세강속말

인물총총 인간지중 귀신분분 인신잡유 옥황대노 즉설차경 전어

세상 세분귀마 상침인민 즉설주왈 천원지방 일월광명 성신삼라

신령청정 지고중생 만물변화 무궁소치 명령천지 운양인약 귀번

가가 온역분발 일체사물 창생심손 재약상전 일체사물 무죄침인

제악귀졸 즉시멸망 일체중생 구활난병 소제재환

옴 급급 여율령

옥갑경 2편

청사 태상노군 후토황제 명부시왕 현곡신왕

선관도사 일체신장 개래호거 천존문어 세유번란 사요지물 가금불

상 즉설차경 대도공덕 인신수락 귀신착수 신왕사자 악질소제 귀

왕사자 악병착멸 십왕사자 악귀착래 뢰공신장 망량소멸 풍백신장
이매격벌 오악산왕 동토금제 사해용왕 강우만물 면수기아 구천응
원 뢰부사자 신장요귀 사귀개개 착래박수 쇄각두파 참수이법 신
병원문 지외대도 요참
옴 급급 여율령

옥갑경 3편

청사 우사풍백 뢰공신장 둔갑둔신 오방장군 천룡팔부 야우신장
사면팔방 정신신장 뢰성벽력 사자신장 래임경당 금가요사 망사
귀 이매망량 사매 사질지귀 결박착래 대도요참
옴 급급 여율령

옥갑경 4편

청사 좌부 관원수 우부 마원수 전영 온원수

후영 조현담 중영 갈진군 오방령신 신장

동방 청갑신장 삼만신병 용군결진

남방 적갑신장 이만신병 용군결진

서방 백갑신장 사만신병 용군결진

북방 흑갑신장 일만신병 용군결진

중앙 황갑신장 오만신병 용군결진

대도독 조원수 선봉 이원수등

즉솔 억만신병 사면팔방 용군결진

위시오령 여의등 체청오령 물오여유 불순자

이법신병 대도요참 일체신장등 솔병결진 사면팔방 상하중앙 창
기 검고함성 내외탕탕 각기방위 산변위강 해변위악 변화무궁 조
씨가내 사요망량 괴몽귀 흉악사귀 질적호 제악귀신등 엄치착래

대도요참 무죄지인 침상귀 흉악귀 살해귀

괘요요망귀 벌목소목 동토귀 악인방해 저주귀

오작망사 편복귀 몽중회롱 침학귀 제요제매

천변 만화지귀 개개착래 일시소멸

옴 급급 여율령

옥갑경 5편

청사 원수진군 육정육갑 대신장 천사사자

화덕진군 오방 정신신장 동방 청룡신장

좌우솔령 이십팔방 상응동방 만물시생 입춘신장 오법시행 남방
주작신장 좌우솔령 삼십육장 상응남방 만물장생 입하신장 오법
시행 서방 백호신장 좌우솔령 이십일장 상응서방 만물성실 입추
신장 오법시행 북방 현무신장 좌우솔령 이십칠장 상응북방 만물
폐장 입동신장 오법시행 중앙 황제신장 좌우솔령 백만대병 각기
분처수 사면팔방 결진 동서남북 상하중앙 좌옹우호 전요후위 백

만신병 옹호결진 가정내외 탕탕 동치서벽 만정북벌 검고함성 천
지진동 창기검광 일월충천 풍진요란 천변만화 무궁무진 천만살
귀 일체불침 옴명불범 화해 오방령신 백만신병 함청 옴령 정
매위진
옴 급급 여율령

옥갑경 6편

청사 오방사자 동방 청제사자 남방 적제사자
서방 백제사자 북방 흑제사자 중앙 황제사자
오방신령 조씨 가내가중 요귀사귀 악귀범차
귀신등 결박착래 엄수어 화탄지옥 영세불출
영구 물침지의 여유불순자 이법신병 두파칠분 대도요참
옴 급급 여율령

옥갑경7편

청사 태을신군 태백 삼태육성 북두칠성

태을선관 이십팔수 구요제성 일체성신 인생범액 천라지강 황천

횡수 삼형육해 관부활설 천만도액 일시소멸 옴 급급 여율령

옥갑경8편

청사 후토황제 오방지신 지대산령 상량성조

조왕문신 호백각귀신 등 청령시행 조씨가내

악몽괴승 현몽귀신 혼백경동 살해귀신 괴요요망 흉악귀신 인골

음장 저주귀신 산림토목 동토귀신 사관탐루 승려귀신 화랑박사

무녀귀신 상문조객 동토귀신 인물재물 동겁귀신 시환염질 염병

귀신 노중행설 행병귀신 이매망량 목신귀신 수신화신 토사귀신

개개착래 일체소멸 천지성신 오방오제 백만대병 일체신장 개대

환희 신수봉행 강현선생 오법준행 작례이퇴환 옴 급급 여율령

❖ 천지팔양신주경

영이나 신과 통할 때, 제반 악귀를 물리칠 때

천지 팔양신주경

세존이시여 차염부재중생이 체대상생하며 무시이래로 상속부단
호되 유식자소하고 무지자다하며 염불자소하고 구신자다하며 지
계자소하고 파계자다하며 정진자소하고 해태자다하며 지혜자소
하고 우치자다하며 장수자소하고 단명자다하며 선정자소하고 산
란자다하며 부귀자소하고 빈천자다하며 온유자소하고 강강자다
하며 흥성자소하고 경독자다하며 정직자소하고 곡첨자다하며 청
신자소하고 탐탁자다하며 보시자소하고 간린자다하며 신실자소
하고 허망자다하여 치사세속으로 천박하여 관법이 도독하며 부
역이 번중하고 백성이 궁고하여 소구난득은 양유신사도견하여
획여시고일세 유원세존은 위제사건중생하여 설기정견지법하사
영득오해하여 면어중고케하옵서

불언선재선재라 무애보살이요 여대자비로 위제사건중생하여 문
어여래정견지법의 불가사의하니 여등은 제청하고 선사념지하라
오당위어하여 분별해설천지팔양지경하리라. 차경은 과거제불이

이설하시고 미래제불이 당설하시며 현재제불이 금설하시니라

부천지지간에 위인이 최승최상하여 귀어일체만물하나니 인자는 정야며 정야며 진야라 심무허망하여 신행정진이니 좌별위정이요 우불위진이라 상행정진할세 고명위인이니 시지하라 인능홍도하며 도이윤신하나니 의도의인하면 개성성도하리라 부차무애보살이여 일체중생이 기득인신하여 불능수복하고 배진향위하여 조종종악업타가 명장욕종에 침륜고해하여 수종종죄하나니 약문차경하고 신심불역하면 즉득해탈제죄지난하여 출어고해하며 선신이 가호하여 무제장애하고 연년익수하여 이무횡요하나니 이신력고로 획여시복이어늘 하황유인이 진능서사하며 수지독송하며 여법수행하며 기공덕은 불가칭 불가량이며 무유변제하여 명종지후에 병득성불하리라

불고무애보살마하살하사대 약유중생이 신사도견하여 즉피사마외도와 이매망양과 조명백괴와 제악귀신이 경래뇌란하여 여기횡병호되 악종악두악오로 수기통고하여 무유휴식이라도 우선지식하여 위독차경삼편하면 시제악귀가 개실소멸하여 병즉제유하여 신강역족하나니 독경공덕으로 획여시복하나니라 약유중생이 다어음욕하며 진에우치하며 간탐질투라도 약견차경하고 신경공양하며 즉독차경삼편하면 우치등악이 병개제멸하며 자비희사로 득불법문이니라

부차무애보살이오 약선남자 선여인등이 홍유위법하되 선독차경삼편하고 축장동토하며 안입가택하되 남당북당과 동서서서와 주

사객옥과 문호정조와 대애고장과 육축난혼하면 일유월살과 장
군태세와 황번표미와 오토지신과 청용백호와 주작현무와 육갑
금휘와 십이제신과 토위복용과 일체귀매가 개실은장하여 원병
타방하고 형소영멸하여 불감위해하며 심대길리하여 득복무량하
리라

선남자야 홍공지후에 당사영안하고 옥택이뇌고하며 부귀길창하
여 불구자득하며 약욕원행종군커나 사환홍생하면 심득의리하여
문홍인귀하며 백자천손으로 부자자효하며 남충어정하며 형공제
순하고 부처화목하며 신의독친하여 소원성취하리라

약유중생이 흘피현관구계하여 도적견만이라도 잠독차경삼편하
면 즉득해탈하리라 약유선남자 선여인이 수지독송하고 위타인
하여 서사천지 팔양경자는 설입수화라도 불피분표하고 혹재산택
이라도 호랑이 병적하여 불감박서하며 선신이 위호하여 성무상
도하리라 약부유인이 다어망어기어와 악구양설이라도 약능수지
독송차경하면 영제사과하고 득사무애변하여 이성불도하며 약선
남자 선여인등이 부모유죄하여 임종지일에 당타지옥하여 수무량
고라도 기자즉위 독송차경칠편하면 부모즉리지옥하고 이생천상
하여 견불문법하고 오무생인하여 이성불도하리라

불고무애보살하사대 비바시불시에 유우바세우바니하여 심불신
사하고 경술불법하며 서사차경하여 수지독송호되 수작즉작하고
일무소문하며 이정신고로 겸행보시호대 평등공양하고 득무루신
으로 성보리도하고 호왈보광여래응정등각이라 겁명은 대만이요

국호는 무변이라 단시인민이 행보살도호되 무소득법하니라 부차
무애보살이여 차천지팔양경이 행염부제하면 재재처처에 유팔보
살과 제범천왕과 일체명령이 위요차경하고 향화공양하여 여불
무이하시니라 불고무애보살마하살하사대 약선남자 선여인등이
위제중생하여 강설차경하면 심달실상하여 득심심리호되 즉지신
심이 불신법심이라 소이능지즉지혜니 안상견종종무진색호되 색
즉시공이요 공즉시색이라 수상행식도 역공하나니 즉시묘색신여
래며 이상문종종무진성호되 성즉시공이요 공즉시성이라 즉시묘
음성여래며 비상후종종무진향호되 향즉시공이요 공즉시향이라
즉시향적여래며 설상요종종무진미호되 미즉시공이요 공즉시미
라 즉시법회여래며 신상각종종무진촉호되 촉즉시공이요 공즉시
촉이라 즉시지명여래며 의상사상분별종종무진법호되 법즉시공
이요 공즉시법이라 즉시법명여래니라 선남자야 차육근이 현현호
되 인개구상설기선어하여 선법상전하며 즉성성도나 설기사어하
여 악법상전하면 즉타지옥하나니 선남자야 선악지리를 부득불신
이니라 선남자야 인지신심이 시불법기며 역시십이부대경권야어
늘 무시이래로 전독부진하여 불손호모하나니 여래장경은 유식심
견성자지소능지요 비제성문범부의 소능지야니라 선남자가 독송
차경하여 심해진리하면 즉지신심이 시불법기이어나 약취미불성
하면 불료자심이 시불법근본하고 유랑제취하여 타어악도하고 영
침고해하여 불문불법명자하리라
　이시에 오백천자가 재대중중하여 문불소설하고 득법안정하여 개

대환희하며 즉발무등등아뇩다라삼먁삼보리심하니라

무애보살이 부백불언하시되 세존이시여 인지재세에 생사위중이
나 생불택일하고 시지즉생하고 사불택일하고 시지즉사어늘 하인
빈장하여 즉문양신길일하고 연시빈장호되 빈장지후에 환유방해
하며 빈궁자다하고 멸문자불소닛고 유원세존하 위제사견무지중
생하사 설기인연하사 영득정견하고 제기전도하소서

불언선재선재라 선남자야 여실심능문어중생의 생사지사와 빈장
지법하고 여등제청하라 당위여설지혜지리와 대도지법하리라 부
천지광대청하며 일월광장명하며 시년선미하여 실무유이니라 선
남자야 인왕보살이 심대자비하여 민념중생호되 개여적자하며 하
위인주하여 작민부모호되 순어속인하여 교민속법하며 유작역일
하여 반하천하하여 영지시절이어늘 위유만평성수개제지자와 집
위파살지문이라 우인은 의자신용하여 무불면기흉화코서 우사사
사로 압진하고 설시도비하여 만구사신하며 배아귀하여 각초앙자
수고하나니 여시인배는 반천시하고 역지리하여 배일월지 광명하고
상투암실하며 위정도지광로하여 항심사경이라 전도지심야니라 선
남자야 산시에 독송차경삼편하면 아즉이생하고 심대길리하며 총
명이지하고 복덕구족하며 이불중요하나니라 사시에 독송차경삼편
하면 일무방해하고 득복무량하리라 선남자야 일일호일이며 월월
호월이며 연년호년이며 실무간격이니 단판즉수빈장하고 빈장지일
에 독송차경칠편하면 심대길리하여 획복무량하고 문영인귀하고
영년익수하며 명종지일에 병득성성하리라

선남자야 빈장지지에 막문동서남북 안온지처니 인지애락은 귀신

애락이라 즉독차경삼편하고 변이수영하며 안치묘전하면 영무재

장하고 가부인흥하여 심대길리하리라 이시에 세존이 욕중선차의

하니 이설게언하사대

영생선선일이며 후빈호호시라

생사독송경하면 심득대길리니라

월월선명월이요 연년대호년이라

독경즉빈장하면 영화만대창이니라

이시에 중중칠만칠천인문불소설하고 심개의해하야 사사귀정하

며 득불법분하고 영단의혹하고 개발아뇩다라삼먁삼보리심하니

라 무애보살이 부백불언하사대 세존하 일체범부가 개이혼구로

위친하되 선문상의하고 후취길일하여 연시성친이나 성친지후에

부귀해로자소하고 빈궁생리사별자다하니 일종신사로 여하이유

차별이니잇가 유원세존하 위결중의하소서 불언하사대 선남자야

여등제청하라 당위여설하리라 부천양지음하며 월음일양하며 수

음화양하며 남양여음이니 천지기합하여 일체초목이 생언하고

일월이 교운하여 사시팔절이 명언하고 수화상승하여 일체만물

이 숙언하고 남녀윤해하여 자손이 홍언하나니 개시천지상도요

자연지리며 세제지법이니라 선남자야 우인은 무지하여 신기사사

하며 복문망길하여 이불수선하고 조종종악업이라가 명종지후에

부득인신자는 여지갑상토하고 타어지옥하여 작아귀축생자는 여

대지토니라 선남자야 부득인신하여 정신수선자는 여지갑상토하

고 신사조악업자는 여대지토니라 선남자야 욕결혼친인된 막문
수화상극과 포태상압과 연명부동하고 유간녹명서하여 즉지복덕
다소하여 이위권속하고 호영지일에 즉독차경삼편하여 이이성례
하면 차내선선상잉하고 명명상속하여 문고인귀하며 자손홍성하
며 총명이지하고 다재다예하며 효경상승하고 심대길리하여 이불
중요하며 복덕구족하고 개성불도하리라 시에 유팔보살이 승불위
신하여 득대총지하며 상처인간하여 화광동진하고 파사입정하며
도사생처팔해호되 이불자이하니 기명왈 발타라보살루진화며 나
린갈보살루진화며 교목도보살루진화며 나라달보살루진화며 수
미심보살루진화며 인저달보살루진화며 화륜조보살루진화며 무
연관보살루진화니라
시에 팔보살이 구백불언하사대 세존하 아등이 어제불소에 수득
다라신주하시오니 이금설지하여 옹호수지 독송천지팔양경자하
여 영무공포케하라 사일체불선지물로 부득침손독경법사케하니
리라
즉어불전에 이설주왈
아거니 니거니 아비라 만례 만다례
세존하 약유불선자가 욕래뇌법사라도 문아설차주하면 두파작칠
분하여 여아리수지이니이다
이시에 무변신보살이 즉종좌기하여 전백불언하사대 세존이시여
운하명위천지팔양경이니잇가 유원세존은 위제청중하여 해설기의
하사 영득각오하여 속달심본하고 입불지견하여 영단의회케하소서

불언하사대 선재선재라 선남자야 여등은 제청하라 오금위여하여 분별해설천지팔양지경하리라

천자는 양야요 지자는 음야며 팔자는 분별야요 양자는 명해야니 명해대승무위지리하여 요능분별팔식인연이 공무소득이니라 우운팔식은 위경하고 양명은 위위니 경위상투하여 이성경교라 고로 명팔양경이니라 팔자는 시팔식이니 육근이 시육식이요 함장식과 아뢰야식이 시명팔식이니라

명요분별팔식근원이 공무소유하면 즉지양안은 실광명천이니 광명천중에 즉현일월광명세존이요 양이는 시성문천이니 성문천중에 즉현무량성여래며 양비는 시불향천이니 불향천중에 즉현향적여래며 구설은 시법미천이니 법미천중에 즉현법희여래며 신은 시노사나천이니 노사나천중에 즉현성취노사나불과 노사나경상불과 노사나광명불이며 의는 시무분별천이니 무분별천중에 즉현부동여래대광명불이며 심은 시법계천이니 법계천중에 즉현공왕여래며 함장식천에 연출아나함경과 대반열반경이며 아뢰야식천에 연출대지 도론경과 유가론경이니라

선남자야 불즉시법이요 법즉시불이니 합위일상하여 즉현대통지승여래니라

불설차경시에 일체대지가 육종진동하고 광조천지하여 무유변재하고 호호탕탕하여 이무소명이라 일체유명은 개실명랑하고 일체지옥은 병개소멸하며 일체죄인은 구득이고니라

이시에 대중지중의 팔만팔천보살이 일시성불하니 호왈공왕여래

응정등각이라 겁명은 이구요 국호는 무변이니 일체인민이 개행보
살육바라밀호되 무유피차하며 증무쟁삼매하여 체무소득하고 육
만육천비구비구니와 우바세우바이는 득대총지하여 입불이법문
하고 무수천용야차와 건달바와 아수라와 가루라와 긴나라와 마
후라가와 인비인등은 득법안정하여 행보살도하니라

선남자야 약부유인이 득관등위지일과 급신입택지시에 잠독차경
삼편하면 심대길리하여 선신이 가호하고 연년익수하여 복덕구족
하나니 선남자야 약독차경일편하면 여독일체 경일편이요 약서사
일권하면 여사일체경일부라 기공덕은 불가칭불가량이요 등허공
하여 무유변제하여 성성도파하나니라

부차 무변신보살마하살이여 약유중생이 불신정법하여 상생사견
이라가 홀문차경하고 즉생비방호되 언비불설이라하면 시인은
현세에 득백나병하여 악창농혈이 변체교류하며 성조취예를 인개
증질타가 명종지일에 즉타아비무간지옥하여 상화철하고 하화철
상하며 철창철차는 변체천혈하며 융동관구에 근골이 난괴하여 일
일일야에 만사만생으로 수대고통하여 무유휴식이니 방사경고로
획죄여시니라

불위죄인하여 이설계언하시되
신시자연신이요 오체자연족이며
장내자연장이요 노즉자연노며
생내자연생이요 사즉자연사라

구장부득장이요 구단부득단이니라

고락여자당하고 사정유여이라

욕작유위공인데 독경막문사하라

천천만만세에 득도전법륜하리라

불설차경이하시니 일체대중이 득미증유하여 심명의정에 환희용

약하며 개견제상비상하고 입불지견하고 오불지견하여 무입무오

하고 무지무견하여 부득일법이 즉열반낙하니라

❖ 반야심경

모든 경의 축소판이다.

마하반야 바라밀다심경 관자재보살행심 반야바라밀다시 조견오
온 개공도 일체고액 사리자 색불이공 공불이색 색즉시공 공즉
시색 수상행식 역부여시 사리자 시제법공상 불생불멸 불구부정
부증불감 시고 공중무색 무수상행식 무안이비설신의 무색성향
미촉법 무안계 내지 무의식계 무무명 역무무명진 내지 무노사
역무노사진 무고집멸도 무지역무득 이무고득고 보리살타 의반야
바라밀다고 심무가애 무가애고 무유공포 원리전도몽상 구경열반
삼세제불 의반야바라밀다 고득아뇩다라 삼먁삼보리고지 반야바
라밀다 시대신주 시대명주 시무상주 시무등등주 능제일체고 진
실불허고설 반야바라밀다주 즉설주왈
아제아제 바라 아제 바라승아제 모지 사바라 (세 번)

❖ 항마진언(降魔眞言)

온갖 마구니에게 항복받는 진언. 흉몽을 꾸거나 상가집 다녀온 후 읽는다.

아이금강 삼등방편(我以金剛三等方便)

(내가 이제 금강 같은 세 가지 방편 쓰되)

신승금강 반월풍륜(身乘金剛 半月風輪)

(몸을 금강같이하고 마음을 허공과 같이하여)

단상구방 남자광명(壇上口放 喃字光明)

(단위의 입으로는 남자의 광명을 쏟아내어)

소여무명 소적지신(燒汝無明 所積之身)

(무명 쌓여 이루어진 너의 몸을 태우리라)

역칙천상 공중지하(亦勅天 上空中地下)

(또한 천상 허공 땅속 모든 세계 명령 내려)

소유일체 작제장난(所有一切 作諸障難)

(있는 바 모든 장애 어려움을 없애리니)

불선심자 개래호궤(不善心者 皆來胡跪)

 (착하지 않은 자여, 모두 와서 무릎 꿇고)

청아소설 가지법음(聽我所說 加持法音)

(나의 말하는 가지 법음 모두 함께 들으라)

사제포악 패역지심(捨諸暴惡 悖逆之心)

(사납고 악하고도 거슬리는 나쁜 마음 모두 던져 버리고서)

어불법중 함기신심(於佛法中 咸起信心)

(부처님 법 가운데서 모두 함께 신심 일궈)

옹호도량(擁護道場)

(도량을 품어 안고 보호하며)

역호시주(亦護施主) (시주 또한 보호하여)

강복소재(降福消災) (재난 없애고 복 줄지니)

「옴 소마니 소마니 훔 하리한나 하리한나 훔 하리한나 바나야 훔
아나야 혹 바아밤 바아라 훔 바탁」(세 번)

❖ 관세음보살 본심미묘 육자대명왕진언

옴 마니 반메 훔(세 번)

『옴』은 하늘 세상, 『마』는 아수라, 『니』는 인간, 『반』은 축생, 『메』는 아귀, 『훔』은 지옥세계를 제도를 뜻하고(불경 책에서 옮김) 또한 일체의 복덕 지혜와 모든 공덕 행의 근본을 갈무린 진언임을 뜻한다. 육도의 중생들을 제도하여 육도의 문을 닫게 한다는 뜻이니, 이 육자주를 외우면 모든 위대한 공덕을 성취한다고 한다.

❖ 호신진언

옴 치림(세 번)

몸을 보호하는 진언으로 이 진언을 외우면 십악오역 등의 죄업을 소멸하고 병고와 재난이 없어진다.

❖ 관세음보살 보검수진언

일체의 도깨비와 귀신에게 항복받는 진언이다.

옴 제세제야 도미니 도제 삿다야 훔 바탁

❖ 관세음보살 바아라수진언

일체 천마나 큰 마구니에게 항복받는 진언이다.

옴 이베이베 이야 마하 시리에 사바하

❖ 관세음보살 총섭천비수진언

삼천 대천세계 마군에게 항복받는 진언

다냐타 바로기제 사라바야 살바도따 오하야미 사바하

❖ 광명진언

옴 아모가 바이로차나 마하 무드라 마니파드마 즈바라 프라바를
타야 훔

십악 오역의 중죄를 지은 사람이 두서너 번 듣기만 하여도 모든
죄업이 다 소멸하리라. 십악오역의 모든 죄를 많이 지어 그 죄가
온 세계에 가득 차서 죽어 지옥에 떨어졌더라도 깨끗한 모래에
이 진언을 백팔 번 외워서 그 모래를 그 사람의 시체나 무덤위에
흩어주면 모든 죄가 다 소멸되어 곧 극락세계에 가서 나리라.

* 이하는 밀교비전의 선가 비밀주로서 해당 주문을 부착하여
금랑에 넣거나 계속 송경하면 재난을 방지하고 복록을 누린다.

악귀병 소멸주

지란뇌야 통달현   연마질루 견정당

예화무과 지대지   구두마혜 최상승

차타이차 구건행   란두우란 길안녕

희지희지 세력강

객귀소멸법

반나파제 정용건   사라파제 구세자

사외가라 늬사행   니지루연 멸사상

파라반영 위령지   희란담기 여강해

금라이두 불외병

금수독충 제거법

아파다이 혜무궁   교지세야 단제결

마라마라 주정신   아니리이 적재시

파니리이 불사원   아휴라미 제구예

아도마리 성신독

위험을 느낄 때

미율두 가파제   미율두 불약리

미율두 필사가   미율두 가랜다

미율두 파사차